Página de Créditos:

I0021947

Título del Libro: "Inteligencia Artificial y Blockchain: Exp.c
la Convergencia del Futuro"
Autor: Álvaro López

Copyright © 2024 por Álvaro López

Índice

6. **Aprendizaje automático y análisis predictivo en Blockchain**
    a. Uso de algoritmos de aprendizaje automático para predecir tendencias en Blockchain.
    b. Análisis de datos históricos para tomar decisiones en el contexto del Blockchain.
    c. Casos de estudio de empresas que han implementado modelos predictivos en Blockchain.

7. **IA y la mejora de la interoperabilidad en Blockchain**
    a. Desafíos de interoperabilidad entre diferentes redes Blockchain.
    b. Cómo la IA puede ayudar a superar estos desafíos.
    c. Ejemplos de proyectos que están trabajando en soluciones de interoperabilidad utilizando IA.

8. **Gobernanza y ética en la aplicación de la IA al Blockchain**
    a. Consideraciones éticas en la aplicación de la IA al Blockchain.
    b. Desafíos de gobernanza en la integración de la IA en el ecosistema Blockchain.
    c. Propuestas para una implementación ética y responsable de la IA en el Blockchain.

9. **Desafíos y futuro de la IA en el Blockchain**
    a. Obstáculos actuales en la adopción masiva de la IA en el Blockchain.
    b. Predicciones sobre el futuro de la IA en el mundo del Blockchain.

Capítulo 1: El Despertar de un Nuevo Horizonte Tecnológico

Introducción

En la era moderna, nos encontramos inmersos en un océano de datos y tecnología. Dos fuerzas, aparentemente divergentes pero intrínsecamente conectadas, están marcando el ritmo del progreso: la Inteligencia Artificial (IA) y el Blockchain. En este primer capítulo, nos sumergiremos en el fascinante mundo de la convergencia entre estas dos tecnologías revolucionarias. Desde sus orígenes hasta sus aplicaciones más innovadoras, exploraremos cómo la IA y el Blockchain están transformando nuestra sociedad y redefiniendo el futuro.

a. Breve descripción del libro y su objetivo.

Este libro es un viaje al corazón de la revolución tecnológica del siglo XXI. Nuestro objetivo es proporcionar una visión completa y accesible de la intersección entre la Inteligencia Artificial y el Blockchain, dos fuerzas disruptivas que están dando forma al futuro de la humanidad. A lo largo de estas páginas, exploraremos los fundamentos de ambas tecnologías, sus aplicaciones actuales y potenciales, y el impacto que están teniendo en una amplia gama de industrias y sectores.

b. Explicación sobre la importancia del Blockchain y la IA en la actualidad.

El Blockchain y la IA son dos de las tecnologías más prometedoras y transformadoras de nuestro tiempo. El Blockchain, con su capacidad para proporcionar un libro de contabilidad descentralizado y transparente, está revolucionando la forma en que compartimos y gestionamos datos, desde transacciones financieras hasta registros médicos. Por otro lado, la IA está impulsando la automatización, la personalización y la toma de decisiones inteligentes en todos los ámbitos de nuestra vida, desde asistentes virtuales hasta diagnósticos médicos.

Juntas, la IA y el Blockchain tienen el potencial de crear un futuro más eficiente, seguro y equitativo. Al combinar la capacidad de procesamiento inteligente de la IA con la seguridad y transparencia del Blockchain, podemos construir sistemas autónomos y descentralizados que pueden tomar decisiones de manera inteligente y segura sin la necesidad de intermediarios.

c. Objetivos y alcance del libro.

El objetivo de este libro es proporcionar una comprensión profunda y práctica de cómo la convergencia entre la IA y el Blockchain está transformando nuestra sociedad y economía. A lo largo de los capítulos, examinaremos casos de uso reales, estudios de casos y tendencias emergentes en campos tan diversos como la salud, la educación, las finanzas y más. Además, exploraremos los desafíos y oportunidades que surgen al integrar estas dos tecnologías, así como las implicaciones éticas y regulatorias que deben abordarse.

El alcance de este libro es amplio pero accesible. Está diseñado tanto para aquellos que deseen adentrarse en el mundo de la IA y el Blockchain por primera vez como para aquellos que buscan profundizar su comprensión y explorar nuevas aplicaciones y tendencias. Ya sea un estudiante, un profesional o un curioso tecnológico, este libro tiene algo que ofrecer a todos los interesados en descubrir el futuro de la tecnología.

En los próximos capítulos, nos sumergiremos en el emocionante mundo de la IA y el Blockchain, explorando sus orígenes, aplicaciones y desafíos. Desde la medicina hasta la cadena de suministro, desde los contratos inteligentes hasta la gobernanza descentralizada, descubriremos cómo estas dos tecnologías están transformando nuestra realidad y preparando el escenario para un futuro lleno de posibilidades. Prepárate para un viaje inolvidable hacia el corazón de la revolución tecnológica del siglo XXI.

Capítulo 2: Fundamentos del Blockchain

a. Conceptos básicos del Blockchain

El Blockchain, o cadena de bloques en español, es una tecnología que ha revolucionado la forma en que almacenamos y compartimos datos. Para comprender su funcionamiento, es esencial entender los siguientes conceptos fundamentales:
Bloques: En el contexto del Blockchain, un bloque es una unidad de datos que contiene información sobre transacciones. Cada bloque está vinculado al anterior, formando una cadena secuencial de bloques.

Red descentralizada: El Blockchain opera en una red descentralizada de computadoras, conocidas como nodos. Cada nodo mantiene una copia del libro de contabilidad digital, lo que garantiza transparencia y seguridad.

Consenso: Para agregar un nuevo bloque a la cadena, los nodos de la red deben llegar a un consenso sobre su validez. Este proceso puede variar dependiendo del protocolo de consenso utilizado, como Prueba de Trabajo (PoW) o Prueba de Participación (PoS).

Criptografía: La seguridad del Blockchain se basa en algoritmos criptográficos que garantizan la integridad y la autenticidad de los datos. Por ejemplo, cada bloque está sellado con un hash criptográfico que lo vincula al bloque anterior.

b. Historia y evolución del Blockchain

El concepto de Blockchain se remonta a principios de la década de 1990, cuando Stuart Haber y W. Scott Stornetta propusieron una forma de sellar digitalmente los documentos para evitar la alteración o falsificación. Sin embargo, la verdadera revolución llegó en 2008 con la publicación del famoso whitepaper de Bitcoin por una persona (o grupo) bajo el seudónimo de Satoshi Nakamoto.

Bitcoin fue la primera implementación práctica del Blockchain, utilizando la tecnología para crear una red de pagos peer-to-peer sin la necesidad de intermediarios. Desde entonces, el Blockchain ha evolucionado rápidamente, dando lugar a una amplia variedad de criptomonedas, plataformas y aplicaciones descentralizadas (DApps).

c. Principales características y beneficios del Blockchain (Continuación)

Confianza: Al eliminar la necesidad de confiar en intermediarios o terceros, el Blockchain permite transacciones directas y seguras entre partes desconocidas.

Aplicaciones descentralizadas (DApps): El Blockchain ha dado lugar a la creación de aplicaciones descentralizadas que funcionan sin la necesidad de servidores centrales, ofreciendo mayor resistencia a la censura y la manipulación.

Tokenización de activos: El Blockchain ha permitido la creación y el intercambio de tokens digitales que representan activos del mundo real, como moneda fiduciaria, acciones, bienes raíces y más, facilitando la transferencia de valor de forma rápida y eficiente.

Contratos inteligentes: Los contratos inteligentes son programas informáticos que se ejecutan automáticamente cuando se cumplen ciertas condiciones predefinidas. Estos contratos están escritos en código y se ejecutan en la cadena de bloques, eliminando la necesidad de intermediarios y reduciendo el riesgo de fraude.

Gobierno y democracia: El Blockchain puede utilizarse para mejorar la transparencia y la integridad en procesos electorales, votación electrónica y toma de decisiones colectivas, aumentando la confianza en las instituciones y los sistemas democráticos.

En conjunto, estas características y beneficios hacen que el Blockchain sea una tecnología poderosa y transformadora con el potencial de revolucionar una amplia gama de industrias y sectores. Desde las finanzas y la logística hasta la atención médica y la energía, el Blockchain está abriendo nuevas posibilidades y cambiando la forma en que interactuamos y hacemos negocios en el mundo digital.

Conclusiones

En este capítulo, hemos explorado los fundamentos del Blockchain, desde sus conceptos básicos hasta su evolución histórica y sus principales características y beneficios. Desde su humilde origen como la tecnología subyacente de Bitcoin hasta su actual estado como un catalizador de la innovación y la transformación digital, el Blockchain ha recorrido un largo camino en poco tiempo.

En los próximos capítulos, profundizaremos en la intersección entre la Inteligencia Artificial y el Blockchain, explorando cómo estas dos tecnologías complementarias están trabajando juntas para impulsar la próxima ola de innovación y progreso. Desde la seguridad y la privacidad hasta la escalabilidad y la interoperabilidad, examinaremos cómo la IA y el Blockchain están colaborando para abordar algunos de los desafíos más apremiantes de nuestro tiempo y crear un futuro más seguro, equitativo y eficiente para todos. ¡Prepárate para un viaje emocionante hacia el futuro de la tecnología!

Capítulo 3: Conceptos Básicos de Inteligencia Artificial

a. Definición de Inteligencia Artificial

La Inteligencia Artificial (IA) es un campo de la informática que se centra en la creación de sistemas capaces de realizar tareas que normalmente requieren inteligencia humana. Aunque no existe una definición única y definitiva de IA, generalmente implica la capacidad de aprender de la experiencia, adaptarse a nuevos entornos y realizar tareas de manera autónoma.

Historia de la IA

El concepto de IA ha estado presente en la literatura y la mitología durante siglos, pero su desarrollo como disciplina científica comenzó en la década de 1950. Uno de los hitos más importantes fue la Conferencia de Dartmouth en 1956, donde se acuñó el término "Inteligencia Artificial" y se sentaron las bases para el campo.

A lo largo de las décadas siguientes, la IA experimentó avances y retrocesos, con períodos de gran entusiasmo y expectativas exageradas, seguidos de desilusión y estancamiento. Sin embargo, en las últimas décadas, el crecimiento exponencial de datos y la mejora en algoritmos de aprendizaje automático han revitalizado el campo y llevado a avances significativos en áreas como el procesamiento del lenguaje natural, la visión por computadora y más.

Tipos de IA

La IA se puede clasificar en varios tipos, según su capacidad y funcionalidad:

1. IA débil (o estrecha): Este tipo de IA se centra en realizar tareas específicas de manera competente, pero carece de la capacidad de comprensión o razonamiento general. Ejemplos de IA débil incluyen sistemas de recomendación, reconocimiento facial y asistentes virtuales.

2. IA fuerte (o general): La IA fuerte, también conocida como inteligencia artificial general (IAG), se refiere a sistemas capaces de realizar cualquier tarea intelectual que un ser humano pueda hacer. Este tipo de IA aún está en desarrollo y plantea desafíos significativos en áreas como la comprensión del lenguaje natural, la creatividad y la conciencia.

Aplicaciones de la IA

La IA tiene aplicaciones en una amplia gama de industrias y sectores, incluyendo:

- Salud: Diagnóstico médico, análisis de imágenes médicas, descubrimiento de fármacos.

- Finanzas: Predicción del mercado, gestión de riesgos, detección de fraudes.

- Automoción: Conducción autónoma, sistemas de navegación inteligente, mantenimiento predictivo.

- Educación: Personalización del aprendizaje, tutoría virtual, evaluación automatizada.

- Entretenimiento: Recomendación de contenido, generación de música y arte, diseño de juegos.

En los próximos apartados de este capítulo, exploraremos en detalle cada uno de estos aspectos, examinando las técnicas y algoritmos específicos utilizados en diferentes aplicaciones de IA, así como los desafíos y oportunidades que enfrenta el campo en su conjunto.

b. Breve historia de la IA

La historia de la Inteligencia Artificial se remonta a los albores de la humanidad, con mitos y leyendas que narran la creación de seres artificiales con características humanas, como los autómatas de la antigua Grecia o las historias de Golem en la tradición judía. Sin embargo, el desarrollo de la IA como un campo científico y tecnológico comenzó en el siglo XX.

Uno de los primeros hitos importantes en la historia de la IA fue el desarrollo de la computación digital durante la Segunda Guerra Mundial. Pioneros como Alan Turing y John von Neumann sentaron las bases teóricas para la informática moderna, desarrollando conceptos como las máquinas de Turing y la arquitectura de von Neumann, que serían fundamentales para el desarrollo posterior de la IA.

El término "Inteligencia Artificial" fue acuñado por John McCarthy en 1956, durante la famosa Conferencia de Dartmouth, donde se reunió un grupo de investigadores para discutir sobre cómo simular la inteligencia humana en una máquina. A partir de entonces, la IA experimentó un período de gran optimismo y avance, con la creación de programas de ajedrez, sistemas de lenguaje natural y primeras redes neuronales.

Sin embargo, a finales de la década de 1960 y principios de la década de 1970, la IA experimentó lo que se conoce como el "invierno de la IA", un período de desilusión y falta de financiamiento debido a las expectativas exageradas y los resultados decepcionantes. A pesar de esto, la investigación en IA continuó en instituciones académicas y gubernamentales de todo el mundo, con avances importantes en áreas como el razonamiento automatizado y el aprendizaje automático.

El resurgimiento de la IA comenzó en la década de 1980 con el desarrollo de técnicas de aprendizaje automático y la popularización de las redes neuronales artificiales. Desde entonces, la IA ha experimentado un crecimiento exponencial, impulsado por el aumento de datos, el poder de computación y los avances en algoritmos de aprendizaje automático, lo que ha llevado a la creación de sistemas cada vez más sofisticados y capaces de realizar tareas que antes se consideraban exclusivas de la inteligencia humana.

c. Tipos de IA: IA débil y IA fuerte

La IA se puede clasificar en varios tipos, según su capacidad y funcionalidad:

1. IA débil (o estrecha): También conocida como inteligencia artificial especializada, la IA débil se centra en realizar tareas específicas de manera competente, pero carece de la capacidad de comprensión o razonamiento general. Este tipo de IA está diseñada para realizar una tarea específica y no puede realizar otras tareas fuera de su dominio. Ejemplos de IA débil incluyen sistemas de recomendación, reconocimiento facial, procesamiento del lenguaje natural y asistentes virtuales.

2. IA fuerte (o general): También conocida como inteligencia artificial general (IAG), la IA fuerte se refiere a sistemas capaces de realizar cualquier tarea intelectual que un ser humano pueda hacer. Este tipo de IA aún está en desarrollo y plantea desafíos significativos en áreas como la comprensión del lenguaje natural, la creatividad y la conciencia. La IA fuerte se considera el objetivo final de la investigación en IA y, si se logra, podría tener un impacto revolucionario en todos los aspectos de la sociedad y la tecnología.

En resumen, la historia de la IA es una historia de avances y retrocesos, de expectativas exageradas y desilusiones, pero también de perseverancia y progreso continuo. A medida que la IA continúa avanzando, es importante comprender sus raíces históricas y su evolución, así como sus implicaciones y posibilidades para el futuro. En los próximos apartados de este capítulo, exploraremos más a fondo los diferentes enfoques y aplicaciones de la IA, así como los desafíos y oportunidades que presenta para la sociedad y la tecnología moderna.

Capítulo 4: Intersección entre IA y Blockchain

a. Desafíos actuales en el mundo del Blockchain

Aunque el Blockchain ha demostrado ser una tecnología transformadora con el potencial de revolucionar numerosas industrias, aún enfrenta una serie de desafíos que limitan su adopción y aplicación generalizada. Algunos de los desafíos más apremiantes incluyen:

1. Escalabilidad: A medida que el número de transacciones en la red Blockchain aumenta, surgen problemas de escalabilidad que pueden afectar la velocidad y la eficiencia de la red. El tiempo de confirmación de las transacciones puede aumentar, y las tarifas de transacción pueden volverse prohibitivas en momentos de alta demanda.

2. Privacidad y seguridad: Aunque el Blockchain ofrece transparencia y seguridad inherentes a través de su estructura descentralizada y criptográfica, aún existen preocupaciones sobre la privacidad y la seguridad de los datos. La información almacenada en la cadena de bloques es visible para todos los participantes de la red, lo que plantea desafíos en términos de confidencialidad y protección de datos sensibles.

3. Interoperabilidad: Con la proliferación de diferentes blockchains y protocolos, surge el desafío de la interoperabilidad, es decir, la capacidad de diferentes blockchains para comunicarse y transferir valor entre sí de manera eficiente. La falta de interoperabilidad puede obstaculizar la adopción generalizada de la tecnología Blockchain y limitar su utilidad en aplicaciones prácticas.

4. Gobernanza: La gobernanza del Blockchain es otro desafío importante, especialmente en redes públicas donde las decisiones sobre actualizaciones de protocolo y cambios en las reglas de consenso deben ser tomadas por consenso entre los participantes de la red. La falta de un marco de gobernanza claro puede llevar a disputas y divisiones en la comunidad, lo que afecta la estabilidad y la confianza en la red.

5. Sostenibilidad energética: El proceso de minería de criptomonedas, que utiliza grandes cantidades de energía para validar y confirmar transacciones en la red Blockchain, ha generado preocupaciones sobre su impacto ambiental y su sostenibilidad a largo plazo. En particular, las redes basadas en el algoritmo de consenso de Prueba de Trabajo (PoW) han sido objeto de críticas por su alto consumo energético.

Estos son solo algunos de los desafíos que enfrenta actualmente el mundo del Blockchain. A medida que la tecnología continúa evolucionando y madurando, es crucial abordar estos desafíos de manera efectiva para desbloquear todo su potencial y permitir su adopción generalizada en una variedad de aplicaciones y sectores.

b. Cómo la IA puede abordar estos desafíos

Afortunadamente, la Inteligencia Artificial (IA) ofrece una serie de herramientas y técnicas que pueden ayudar a abordar muchos de los desafíos actuales en el mundo del Blockchain. Algunas formas en que la IA puede contribuir incluyen:

1. Escalabilidad: Los algoritmos de aprendizaje automático pueden utilizarse para mejorar la escalabilidad del Blockchain mediante la optimización de procesos de consenso y la gestión de recursos de red. Por ejemplo, técnicas como el aprendizaje por refuerzo pueden ayudar a optimizar la asignación de recursos en la red para maximizar la eficiencia y la velocidad de las transacciones.

2. Privacidad y seguridad: La IA puede mejorar la privacidad y la seguridad en el Blockchain mediante la identificación y mitigación de posibles vulnerabilidades y ataques. Por ejemplo, los algoritmos de detección de anomalías pueden utilizarse para identificar patrones de comportamiento sospechosos en la red y tomar medidas correctivas para prevenir posibles ataques.

3. Interoperabilidad: La IA puede ayudar a mejorar la interoperabilidad entre diferentes blockchains mediante la creación de puentes y pasarelas que faciliten la transferencia de activos y datos entre redes. Por ejemplo, los algoritmos de traducción automática pueden utilizarse para convertir datos y transacciones entre diferentes formatos y protocolos, facilitando la comunicación entre blockchains.

4. Gobernanza: La IA puede contribuir a mejorar la gobernanza del Blockchain mediante la creación de sistemas de votación y toma de decisiones descentralizados y automatizados. Por ejemplo, los contratos inteligentes pueden utilizarse para implementar mecanismos de votación y gobernanza en la cadena de bloques, permitiendo que los participantes de la red voten sobre cambios en el protocolo y otras decisiones importantes.

5. Sostenibilidad energética: La IA puede ayudar a abordar el problema de la sostenibilidad energética en el Blockchain mediante la optimización de algoritmos de consenso y la gestión eficiente de recursos. Por ejemplo, los algoritmos de aprendizaje automático pueden utilizarse para predecir la demanda de energía en la red y ajustar dinámicamente los niveles de consumo para minimizar el desperdicio y maximizar la eficiencia energética.

Además de estas áreas específicas, la IA también puede desempeñar un papel crucial en la mejora de la usabilidad y la experiencia del usuario en aplicaciones de Blockchain, mediante la creación de interfaces más intuitivas y personalizadas, la automatización de procesos complejos y la detección de fraudes y actividades maliciosas en tiempo real.

c. Casos de uso comunes de la IA en el ámbito del Blockchain

A medida que la convergencia entre la IA y el Blockchain continúa ganando impulso, estamos viendo una serie de casos de uso innovadores y prometedores en una variedad de industrias y aplicaciones. Algunos de los casos de uso más comunes incluyen:

1. Finanzas: En el sector financiero, la IA se está utilizando para mejorar la detección de fraudes y la gestión de riesgos en transacciones financieras en Blockchain. Además, los algoritmos de aprendizaje automático se están utilizando para predecir el comportamiento del mercado y optimizar las estrategias de inversión en criptomonedas.

2. Salud: En el campo de la salud, la IA se está utilizando para mejorar la seguridad y la privacidad de los registros médicos electrónicos en Blockchain, así como para facilitar el intercambio seguro de datos entre proveedores de atención médica y pacientes. Además, los algoritmos de aprendizaje automático se están utilizando para analizar grandes conjuntos de datos de salud y proporcionar diagnósticos más precisos y personalizados.

3. Logística: En el ámbito de la logística y la cadena de suministro, la IA se está utilizando para optimizar la gestión de inventarios, mejorar la trazabilidad de los productos y predecir la demanda del mercado. Además, los contratos inteligentes se están utilizando para automatizar los procesos de pago y ejecución de contratos en la cadena de suministro, reduciendo los costos y aumentando la eficiencia.

4. Gobierno: En el sector gubernamental, la IA se está utilizando para mejorar la transparencia y la integridad en procesos electorales y votaciones electrónicas en Blockchain. Además, los contratos inteligentes se están utilizando para automatizar la ejecución de contratos gubernamentales y garantizar el cumplimiento de los acuerdos.

Estos son solo algunos ejemplos de cómo la IA se está integrando con el Blockchain para crear soluciones innovadoras y transformadoras en una variedad de industrias y aplicaciones. A medida que la tecnología continúa evolucionando y madurando, es probable que veamos aún más casos de uso emergentes y oportunidades de innovación en el futuro.

En los próximos apartados de este capítulo, exploraremos más a fondo estos casos de uso y examinaremos cómo la IA y el Blockchain están trabajando juntos para impulsar la próxima ola de innovación y progreso en el mundo digital. Además, discutiremos los desafíos y oportunidades que surgen al integrar estas dos tecnologías y cómo pueden abordarse de manera efectiva para desbloquear todo su potencial.

d. Exploración de Casos de Uso Comunes de IA en el Blockchain

Dentro de la intersección entre la Inteligencia Artificial y el Blockchain, los casos de uso comunes son diversos y están en constante evolución. Profundicemos en algunos ejemplos destacados que ilustran cómo estas tecnologías se complementan entre sí:

1. Gestión de Identidad y Autenticación: La combinación de IA y Blockchain puede mejorar significativamente la gestión de identidades digitales y la autenticación. Mediante algoritmos de aprendizaje automático, es posible detectar y prevenir fraudes de identidad de manera más efectiva. Por ejemplo, se pueden desarrollar sistemas de identificación biométrica que utilicen la tecnología Blockchain para almacenar de manera segura los datos biométricos y los registros de identidad, mientras que la IA puede analizar continuamente estos datos para detectar comportamientos fraudulentos.

2. Mercados Financieros Descentralizados: Los mercados financieros descentralizados (DeFi) se están beneficiando enormemente de la combinación de IA y Blockchain. Los algoritmos de IA pueden analizar grandes cantidades de datos financieros en tiempo real para identificar patrones y tendencias del mercado, lo que permite a los inversores tomar decisiones informadas. Además, la IA puede utilizarse para optimizar las estrategias de trading automatizado en plataformas DeFi, mejorando la eficiencia y la rentabilidad de las operaciones.

3. Gestión de la Cadena de Suministro: La gestión de la cadena de suministro es otra área donde la IA y el Blockchain pueden colaborar para mejorar la eficiencia y la transparencia. Mediante contratos inteligentes basados en Blockchain, es posible automatizar y hacer cumplir los acuerdos comerciales entre múltiples partes, lo que reduce los costos y los tiempos de procesamiento. Además, los algoritmos de IA pueden analizar los datos de la cadena de suministro para identificar cuellos de botella, predecir la demanda del mercado y optimizar la gestión de inventarios.

4. Ciberseguridad: La ciberseguridad es un campo en el que la IA y el Blockchain pueden unirse para proteger los activos digitales y prevenir los ataques cibernéticos. Mediante el uso de algoritmos de aprendizaje automático, es posible detectar y mitigar de manera proactiva las amenazas de seguridad en la red Blockchain, como ataques de denegación de servicio distribuido (DDoS) o intentos de hackeo. Además, la tecnología Blockchain puede proporcionar un registro inmutable de eventos de seguridad, lo que facilita la auditoría y la investigación de incidentes.

5. Ciudades Inteligentes: La implementación de ciudades inteligentes es otro ejemplo de cómo la IA y el Blockchain pueden colaborar para mejorar la calidad de vida de los ciudadanos. Mediante la recopilación de datos en tiempo real de sensores IoT (Internet de las cosas) y otros dispositivos conectados, la IA puede analizar estos datos para optimizar el tráfico, mejorar la gestión de recursos y proporcionar servicios públicos más eficientes. La tecnología Blockchain puede garantizar la integridad y la seguridad de estos datos, así como facilitar la monetización de servicios basados en datos mediante contratos inteligentes.

Estos casos de uso son solo la punta del iceberg en cuanto a las posibilidades que ofrece la combinación de IA y Blockchain. A medida que estas tecnologías continúen evolucionando y madurando, es probable que surjan nuevos casos de uso innovadores en una variedad de industrias y aplicaciones. En los siguientes apartados de este capítulo, profundizaremos aún más en estos casos de uso y exploraremos cómo pueden abordarse los desafíos técnicos y regulatorios asociados con la integración de IA y Blockchain.

e. Desafíos Técnicos y Regulatorios en la Intersección de IA y Blockchain

A pesar de las enormes promesas que ofrecen la Inteligencia Artificial (IA) y el Blockchain por separado, su convergencia también plantea una serie de desafíos técnicos y regulatorios que deben abordarse para aprovechar al máximo su potencial combinado.

1. Interoperabilidad Tecnológica: Integrar sistemas de IA y Blockchain puede ser complicado debido a las diferencias en los protocolos, formatos de datos y arquitecturas subyacentes. Garantizar la interoperabilidad entre estas tecnologías es crucial para permitir la transferencia de datos y el intercambio de información de manera eficiente y segura.

2. Privacidad y Protección de Datos: La combinación de IA y Blockchain puede plantear desafíos significativos en términos de privacidad y protección de datos. Aunque el Blockchain ofrece una mayor transparencia y seguridad para el almacenamiento de datos, también puede hacer que sea más difícil cumplir con regulaciones como el Reglamento General de Protección de Datos (GDPR), que requiere el consentimiento explícito para el procesamiento de datos personales.

3. Escalabilidad y Eficiencia: Tanto la IA como el Blockchain son tecnologías que requieren grandes cantidades de recursos computacionales y energéticos. Integrar estas tecnologías puede aumentar aún más los requisitos de escalabilidad y eficiencia, lo que puede ser un desafío en entornos donde los recursos son limitados o costosos.

4. Gobernanza y Responsabilidad: La combinación de IA y Blockchain también plantea desafíos en términos de gobernanza y responsabilidad. A medida que estas tecnologías se vuelven más autónomas y autónomas, es importante establecer marcos de gobernanza claros y mecanismos de rendición de cuentas para garantizar que se utilicen de manera ética y responsable.

5. Regulación y Cumplimiento Normativo: La convergencia de IA y Blockchain también plantea desafíos en términos de regulación y cumplimiento normativo. A medida que estas tecnologías se vuelven más omnipresentes en una variedad de aplicaciones y sectores, es crucial garantizar que se cumplan los requisitos legales y regulatorios, especialmente en áreas sensibles como la salud, las finanzas y la seguridad nacional.

Abordar estos desafíos requerirá una colaboración estrecha entre la industria, los reguladores y la sociedad en su conjunto. Es fundamental desarrollar estándares y prácticas comunes que promuevan la interoperabilidad, la privacidad y la seguridad en la intersección de IA y Blockchain, al tiempo que se garantiza el cumplimiento normativo y se protegen los derechos individuales y la autonomía.

En los siguientes apartados de este capítulo, exploraremos estrategias y mejores prácticas para abordar estos desafíos, así como ejemplos de iniciativas y proyectos que están trabajando en la intersección de IA y Blockchain de manera efectiva y responsable.

f. Estrategias para Abordar los Desafíos en la Intersección de IA y Blockchain

Para superar los desafíos técnicos y regulatorios en la intersección de la Inteligencia Artificial (IA) y el Blockchain, es crucial adoptar estrategias efectivas que promuevan la colaboración, la innovación y la responsabilidad. Aquí hay algunas estrategias clave que pueden ayudar a abordar estos desafíos:

1. Estándares y Protocolos Comunes: Desarrollar estándares y protocolos comunes es fundamental para garantizar la interoperabilidad y la compatibilidad entre sistemas de IA y Blockchain. Al establecer normas de facto o de derecho, se facilita la integración y la comunicación entre diferentes tecnologías, lo que fomenta la adopción generalizada y la innovación continua.

2. Marco Regulatorio Claro: Es importante establecer un marco regulatorio claro y coherente que aborde los desafíos legales y éticos asociados con la convergencia de IA y Blockchain. Esto puede incluir la creación de regulaciones específicas para tecnologías emergentes, así como la actualización de leyes y normativas existentes para adaptarse al nuevo panorama tecnológico.

3. Transparencia y Responsabilidad: Fomentar la transparencia y la responsabilidad en el desarrollo y la implementación de sistemas de IA y Blockchain es esencial para garantizar su uso ético y responsable. Esto puede implicar la divulgación pública de algoritmos y datos utilizados en sistemas de IA, así como la implementación de mecanismos de rendición de cuentas y supervisión en sistemas de Blockchain.

4. Educación y Concienciación: Promover la educación y la concienciación sobre las implicaciones de la IA y el Blockchain es crucial para garantizar una adopción informada y responsable de estas tecnologías. Esto puede implicar campañas de sensibilización pública, programas de formación y capacitación para profesionales y políticas, y la promoción de la alfabetización digital en todas las edades.

5. Colaboración y Cooperación: Fomentar la colaboración y la cooperación entre diversas partes interesadas, incluidas empresas, gobiernos, instituciones académicas y la sociedad civil, es fundamental para abordar los desafíos en la intersección de IA y Blockchain. Al trabajar juntos en proyectos de investigación, desarrollo y implementación, se pueden aprovechar los conocimientos y recursos de múltiples disciplinas para lograr resultados más efectivos y sostenibles.

Al adoptar estas estrategias y comprometerse con un enfoque holístico y colaborativo, podemos superar los desafíos en la intersección de IA y Blockchain y aprovechar todo su potencial para impulsar la innovación, el progreso y el bienestar en el siglo XXI.

En los siguientes apartados de este capítulo, exploraremos ejemplos concretos de iniciativas y proyectos que están aplicando estas estrategias con éxito, así como áreas de oportunidad y desafío que aún quedan por abordar en el futuro.

g. Ejemplos de Iniciativas Exitosas en la Intersección de IA y Blockchain

Para comprender mejor cómo se están abordando los desafíos en la intersección de la Inteligencia Artificial (IA) y el Blockchain, es instructivo examinar ejemplos concretos de iniciativas exitosas que están aplicando estas tecnologías de manera efectiva y responsable. Aquí hay algunos ejemplos destacados:

1. Proyectos de Identidad Descentralizada (DID): Los proyectos de Identidad Descentralizada utilizan tecnologías de Blockchain y sistemas de IA para proporcionar soluciones de identidad seguras, privadas y autónomas. Por ejemplo, Sovrin Foundation utiliza Blockchain para almacenar de manera segura los datos de identidad, mientras que la IA se utiliza para analizar patrones de comportamiento y detectar posibles fraudes de identidad.

2. Plataformas de Finanzas Descentralizadas (DeFi): Las plataformas DeFi están utilizando la IA y el Blockchain para mejorar la eficiencia y la transparencia en los mercados financieros descentralizados. Por ejemplo, proyectos como Compound utilizan algoritmos de IA para predecir las tasas de interés y optimizar los rendimientos de los préstamos y las inversiones en criptomonedas.

3. Sistemas de Salud Basados en Blockchain: Los sistemas de salud basados en Blockchain están utilizando tecnologías de IA para mejorar la gestión de registros médicos electrónicos y facilitar el intercambio seguro de datos de salud entre proveedores de atención médica y pacientes. Por ejemplo, proyectos como Medicalchain utilizan Blockchain para almacenar de manera segura los datos de salud, mientras que la IA se utiliza para analizar estos datos y proporcionar diagnósticos más precisos y personalizados.

4. Mercados de Datos Descentralizados: Los mercados de datos descentralizados utilizan tecnologías de IA y Blockchain para permitir a los usuarios compartir y monetizar sus datos de manera segura y privada. Por ejemplo, proyectos como Ocean Protocol utilizan Blockchain para crear un mercado descentralizado donde los usuarios pueden comprar y vender datos, mientras que la IA se utiliza para analizar estos datos y extraer conocimientos valiosos.

5. Plataformas de Predicción de Mercado: Las plataformas de predicción de mercado utilizan tecnologías de IA y Blockchain para predecir tendencias y comportamientos del mercado en tiempo real. Por ejemplo, proyectos como Augur utilizan Blockchain para crear un mercado descentralizado donde los usuarios pueden hacer predicciones sobre eventos futuros, mientras que la IA se utiliza para analizar datos históricos y mejorar la precisión de las predicciones.

Estos son solo algunos ejemplos de iniciativas exitosas en la intersección de IA y Blockchain. A medida que estas tecnologías continúen evolucionando y madurando, es probable que veamos aún más casos de uso innovadores y oportunidades de colaboración en una variedad de industrias y aplicaciones.

h. Desafíos y Oportunidades Futuras en la Intersección de IA y Blockchain

A pesar de los avances significativos logrados hasta ahora, la intersección de la Inteligencia Artificial (IA) y el Blockchain aún enfrenta una serie de desafíos y presenta oportunidades para la investigación y la innovación futuras. Aquí hay algunos aspectos a considerar:

1. Escalabilidad y Eficiencia: A medida que las aplicaciones de IA y Blockchain continúan creciendo en complejidad y alcance, surge la necesidad de abordar los desafíos relacionados con la escalabilidad y la eficiencia. Investigar y desarrollar nuevas técnicas para mejorar el rendimiento y la eficiencia de los sistemas de IA y Blockchain será crucial para garantizar su viabilidad a largo plazo.

2. Privacidad y Seguridad: La protección de la privacidad y la seguridad de los datos sigue siendo una preocupación importante en la intersección de IA y Blockchain. Investigar y desarrollar nuevas técnicas y estándares para garantizar la privacidad y la seguridad de los datos en entornos descentralizados será esencial para fomentar la confianza y la adopción generalizada de estas tecnologías.

3. Interoperabilidad y Estándares: La interoperabilidad entre sistemas de IA y Blockchain sigue siendo un desafío importante que debe abordarse. Investigar y desarrollar estándares y protocolos comunes para facilitar la interoperabilidad entre diferentes tecnologías será fundamental para fomentar la colaboración y la innovación en este espacio.

4. Ética y Gobernanza: La integración de IA y Blockchain plantea una serie de desafíos éticos y de gobernanza que deben abordarse de manera proactiva. Investigar y desarrollar marcos éticos y mecanismos de gobernanza sólidos para garantizar el uso responsable y ético de estas tecnologías será crucial para mitigar los riesgos potenciales y maximizar los beneficios.

5. Aplicaciones Emergentes: A medida que la tecnología continúa evolucionando, es probable que surjan nuevas y emocionantes aplicaciones de IA y Blockchain en una variedad de industrias y campos. Investigar y explorar estas aplicaciones emergentes será fundamental para descubrir nuevas oportunidades de innovación y progreso en el futuro.

En resumen, la intersección de IA y Blockchain presenta un vasto campo de posibilidades y desafíos que deben abordarse de manera efectiva para desbloquear todo su potencial transformador. Al continuar investigando y colaborando en este espacio, podemos impulsar la próxima ola de innovación y progreso en el mundo digital.

i. Fomentando la Innovación y la Colaboración

Para abordar los desafíos y aprovechar las oportunidades en la intersección de la Inteligencia Artificial (IA) y el Blockchain, es crucial fomentar la innovación y la colaboración entre diversas partes interesadas. Aquí hay algunas formas en que esto puede lograrse:

1. Investigación y Desarrollo: Invertir en investigación y desarrollo (I+D) es fundamental para impulsar la innovación en el espacio de IA y Blockchain. Esto incluye apoyar la investigación académica, financiar proyectos de innovación empresarial y proporcionar recursos para la experimentación y la exploración de nuevas ideas y conceptos.

2. Colaboración Interdisciplinaria: Fomentar la colaboración entre diferentes disciplinas y sectores puede enriquecer el desarrollo de soluciones de IA y Blockchain. Esto puede implicar la colaboración entre científicos de datos, ingenieros de software, expertos en ética y regulación, y profesionales de diversas industrias para abordar desafíos complejos desde múltiples perspectivas.

3. Iniciativas de Educación y Capacitación: Proporcionar oportunidades de educación y capacitación en IA y Blockchain es crucial para fomentar la adopción informada y responsable de estas tecnologías. Esto puede incluir la creación de programas de formación técnica, cursos de educación continua y recursos educativos accesibles para personas de todas las edades y niveles de habilidad.

4. Incubadoras y Aceleradoras: Apoyar y financiar iniciativas de incubación y aceleración puede ayudar a impulsar el desarrollo y la comercialización de soluciones innovadoras en el espacio de IA y Blockchain. Esto puede implicar proporcionar recursos financieros, mentores y conexiones de la industria para startups y emprendedores que trabajan en este espacio.

5. Eventos y Conferencias: Organizar eventos y conferencias centrados en IA y Blockchain puede fomentar el intercambio de conocimientos, la colaboración y el networking entre profesionales, investigadores y líderes de la industria. Estos eventos pueden incluir conferencias académicas, hackatones, workshops y ferias comerciales donde se presenten las últimas innovaciones y tendencias en el campo.

Al fomentar la innovación y la colaboración en el espacio de IA y Blockchain, podemos avanzar hacia un futuro donde estas tecnologías transformadoras impulsen el progreso y el bienestar en la sociedad.

j. Promoviendo la Conciencia y la Adopción Responsable

Además de fomentar la innovación y la colaboración, es fundamental promover la conciencia y la adopción responsable de la Inteligencia Artificial (IA) y el Blockchain. Aquí hay algunas estrategias clave para lograr este objetivo:

1. Educación Pública: Promover la educación pública sobre IA y Blockchain es esencial para garantizar que las personas comprendan las implicaciones de estas tecnologías y puedan tomar decisiones informadas sobre su uso. Esto puede incluir campañas de concienciación, seminarios educativos y programas de divulgación en escuelas, universidades y comunidades locales.

2. Ética y Responsabilidad: Fomentar la discusión y la reflexión sobre cuestiones éticas y de responsabilidad en el desarrollo y la implementación de IA y Blockchain es crucial para garantizar un uso ético y responsable de estas tecnologías. Esto puede incluir la promoción de principios éticos, la creación de comités de ética y la implementación de mecanismos de rendición de cuentas en organizaciones y empresas.

3. Regulación y Políticas Públicas: Desarrollar un marco regulatorio claro y coherente para IA y Blockchain es fundamental para garantizar su uso seguro y responsable. Esto puede implicar la creación de leyes y regulaciones que aborden cuestiones como la privacidad de los datos, la discriminación algorítmica y la transparencia en los sistemas de IA y Blockchain.

4. Inclusión y Diversidad: Promover la inclusión y la diversidad en el desarrollo y la implementación de IA y Blockchain es fundamental para garantizar que estas tecnologías beneficien a todas las personas de manera equitativa. Esto puede implicar la inclusión de diferentes perspectivas y experiencias en el diseño de algoritmos y sistemas, así como la adopción de políticas de no discriminación en el desarrollo de tecnologías.

5. Participación Ciudadana: Fomentar la participación ciudadana en el debate y la toma de decisiones sobre cuestiones relacionadas con IA y Blockchain es esencial para garantizar una gobernanza democrática y transparente de estas tecnologías. Esto puede incluir la organización de consultas públicas, la creación de plataformas de participación ciudadana y la promoción de la colaboración entre la sociedad civil y el sector público y privado.

Al promover la conciencia y la adopción responsable de la IA y el Blockchain, podemos garantizar que estas tecnologías se utilicen de manera ética y equitativa para beneficiar a la sociedad en su conjunto.

k. Construyendo un Futuro Sostenible y Equitativo

Para construir un futuro sostenible y equitativo en la intersección de la Inteligencia Artificial (IA) y el Blockchain, es fundamental adoptar un enfoque centrado en las personas y basado en valores éticos y sociales. Aquí hay algunas consideraciones importantes a tener en cuenta:

1. Impacto Social y Medioambiental: Evaluar y mitigar el impacto social y medioambiental de las tecnologías de IA y Blockchain es esencial para garantizar un desarrollo sostenible a largo plazo. Esto puede implicar realizar evaluaciones de impacto social y ambiental, implementar medidas de mitigación y compensación, y promover prácticas comerciales y tecnológicas responsables.

2. Acceso y Equidad: Garantizar el acceso equitativo a las tecnologías de IA y Blockchain es crucial para evitar la ampliación de la brecha digital y promover la inclusión social y económica. Esto puede implicar el desarrollo de políticas y programas de acceso universal, la promoción de la alfabetización digital y la inversión en infraestructura tecnológica en comunidades desfavorecidas.

3. Protección de los Derechos Humanos: Proteger y promover los derechos humanos en el contexto de la IA y el Blockchain es fundamental para garantizar el respeto a la dignidad humana, la privacidad y la autonomía individual. Esto puede implicar la adopción de marcos legales y regulaciones que protejan los derechos humanos en el desarrollo y la implementación de tecnologías digitales.

4. Colaboración Global: Fomentar la colaboración y la cooperación a nivel mundial es esencial para abordar los desafíos y aprovechar las oportunidades en el espacio de IA y Blockchain. Esto puede implicar la creación de alianzas internacionales, la promoción del intercambio de conocimientos y la cooperación en proyectos de investigación y desarrollo.

5. Responsabilidad Corporativa: Las empresas y organizaciones tienen un papel crucial que desempeñar en la construcción de un futuro sostenible y equitativo en la intersección de IA y Blockchain. Esto puede implicar la adopción de políticas y prácticas empresariales responsables, la promoción de la transparencia y la rendición de cuentas, y el compromiso con el desarrollo sostenible y la responsabilidad social corporativa.
Al adoptar un enfoque holístico y centrado en las personas en la intersección de IA y Blockchain, podemos construir un futuro más justo, inclusivo y sostenible para todos.

I. Conclusiones: Avanzando hacia un Futuro Innovador y Transformador

En este libro, hemos explorado en profundidad la intersección de la Inteligencia Artificial (IA) y el Blockchain, dos tecnologías revolucionarias que están transformando la forma en que interactuamos con el mundo digital. Hemos examinado los fundamentos de ambas tecnologías, explorado su convergencia y analizado los desafíos y oportunidades que surgen de su integración.

A lo largo de nuestra exploración, hemos visto cómo la IA y el Blockchain están siendo utilizados en una variedad de industrias y aplicaciones, desde la gestión de identidades hasta las finanzas descentralizadas, la atención médica y más allá. Hemos discutido cómo estas tecnologías están abordando desafíos complejos y ofreciendo soluciones innovadoras que tienen el potencial de mejorar nuestras vidas de formas nunca antes imaginadas.

Sin embargo, también hemos reconocido que la intersección de IA y Blockchain plantea una serie de desafíos técnicos, éticos y sociales que deben abordarse de manera proactiva. Desde la privacidad y la seguridad hasta la equidad y la inclusión, hay una serie de consideraciones importantes que debemos tener en cuenta a medida que avanzamos en este nuevo territorio tecnológico.

A pesar de estos desafíos, creemos firmemente que el futuro de la IA y el Blockchain es prometedor. Con una colaboración continua entre industrias, disciplinas y sectores, podemos superar los obstáculos que enfrentamos y aprovechar todo el potencial transformador de estas tecnologías.

En última instancia, este libro es solo el comienzo de un viaje emocionante hacia un futuro más innovador, inclusivo y sostenible. A medida que continuamos explorando y descubriendo nuevas aplicaciones y oportunidades en la intersección de IA y Blockchain, esperamos que este trabajo inspire a otros a unirse a nosotros en este viaje hacia un mañana mejor para todos.

Capítulo 5: Aplicaciones de IA en el Blockchain

En este capítulo, exploraremos en profundidad las diversas formas en que la Inteligencia Artificial (IA) se está aplicando al mundo del Blockchain. Desde mejorar la seguridad y la privacidad hasta aumentar la escalabilidad y el rendimiento, la IA está desempeñando un papel cada vez más importante en la evolución y la expansión del ecosistema Blockchain. Examinaremos casos de uso específicos, estudios de casos y los beneficios potenciales de estas aplicaciones.

1. Seguridad y Privacidad en el Blockchain mediante IA:

En un entorno donde la seguridad y la privacidad son preocupaciones primordiales, la aplicación de técnicas de IA puede fortalecer la protección de los datos y las transacciones en el Blockchain. Por ejemplo, los algoritmos de aprendizaje automático pueden utilizarse para detectar patrones de comportamiento malicioso y prevenir ataques cibernéticos. Además, la IA puede mejorar la capacidad de identificar y mitigar riesgos de seguridad, como la actividad fraudulenta y los ataques de denegación de servicio (DDoS). Estudiaremos casos concretos en los que la IA ha demostrado ser eficaz en la detección y prevención de amenazas en el Blockchain.

2. Mejora de la Escalabilidad y Rendimiento del Blockchain con IA:

La escalabilidad y el rendimiento son desafíos persistentes en el mundo del Blockchain, especialmente a medida que aumenta el número de transacciones y usuarios. Aquí es donde la IA puede ofrecer soluciones innovadoras. Por ejemplo, los algoritmos de aprendizaje automático pueden optimizar los algoritmos de consenso y la gestión de la red para mejorar la eficiencia y reducir los tiempos de procesamiento. Además, la IA puede utilizarse para predecir la congestión de la red y ajustar dinámicamente los recursos para satisfacer la demanda. Analizaremos cómo estas técnicas pueden ayudar a superar los cuellos de botella de escalabilidad y mejorar el rendimiento general del Blockchain.

3. Optimización de Contratos Inteligentes mediante Técnicas de IA:

Los contratos inteligentes son uno de los pilares fundamentales del Blockchain, pero su complejidad y rigidez pueden limitar su utilidad en ciertos escenarios. Aquí es donde la IA puede ofrecer soluciones innovadoras al permitir la creación de contratos más flexibles y adaptables. Por ejemplo, los sistemas de IA pueden utilizarse para analizar contratos existentes y proponer mejoras o ajustes basados en el análisis de datos históricos y patrones de comportamiento. Además, la IA puede utilizarse para automatizar la ejecución de contratos y detectar posibles vulnerabilidades o errores en el código. Estudiaremos casos de uso específicos donde la IA está siendo aplicada con éxito para mejorar la eficiencia y la seguridad de los contratos inteligentes en el Blockchain.

4. Análisis de Datos en el Blockchain con IA:

El Blockchain genera grandes cantidades de datos que pueden ser difíciles de analizar y comprender. Aquí es donde la IA puede ser invaluable al proporcionar herramientas y técnicas para extraer información útil y conocimientos significativos de los datos del Blockchain. Por ejemplo, los algoritmos de aprendizaje automático pueden utilizarse para identificar patrones y tendencias en los datos del Blockchain, proporcionando información valiosa para la toma de decisiones y la planificación estratégica. Además, la IA puede utilizarse para predecir el comportamiento futuro del mercado y optimizar las estrategias comerciales y de inversión. Exploraremos cómo la IA está siendo utilizada para el análisis de datos en el Blockchain y los beneficios potenciales que esto puede ofrecer.

5. Casos de Uso Comunes de la IA en el Ámbito del Blockchain:

Además de los ejemplos específicos mencionados anteriormente, existen numerosos casos de uso comunes de la IA en el ámbito del Blockchain. Estos incluyen la tokenización de activos, la identidad digital descentralizada, la trazabilidad de la cadena de suministro y la gestión de activos digitales, entre otros. Exploraremos estos casos de uso en detalle, destacando cómo la IA está siendo aplicada de manera innovadora para abordar desafíos específicos y mejorar la funcionalidad y la eficiencia del Blockchain en una variedad de sectores y aplicaciones.

En resumen, la aplicación de la IA en el Blockchain está dando lugar a nuevas oportunidades y capacidades que están transformando la forma en que interactuamos con esta tecnología revolucionaria. Desde mejorar la seguridad y la privacidad hasta aumentar la escalabilidad y el rendimiento, la IA está desempeñando un papel crucial en la evolución y la expansión del ecosistema Blockchain.

6. Estudios de Caso de Aplicaciones de IA en el Blockchain:
Ahora, examinaremos varios estudios de caso que ilustran de manera concreta cómo la IA está siendo implementada en el Blockchain y los resultados que se están logrando.

Estudio de Caso 1: Seguridad y Privacidad Mejoradas - Detectando Transacciones Fraudulentas

En este estudio de caso, una empresa de servicios financieros utiliza IA para mejorar la seguridad y la privacidad en su plataforma de Blockchain. Utilizando algoritmos de aprendizaje automático, la empresa desarrolla modelos predictivos que analizan el comportamiento de las transacciones en tiempo real. Estos modelos pueden identificar patrones sospechosos y anomalías que podrían indicar actividades fraudulentas, como el lavado de dinero o el fraude con tarjetas de crédito.

Los resultados son impresionantes: la empresa logra reducir significativamente el número de transacciones fraudulentas y proteger la integridad de su plataforma de Blockchain. Además, al integrar la IA en su sistema, pueden adaptarse rápidamente a nuevas amenazas y mantenerse un paso adelante de los delincuentes cibernéticos.

Estudio de Caso 2: Optimización de Contratos Inteligentes - Mejora de la Eficiencia y la Flexibilidad

En este estudio de caso, una empresa de logística utiliza IA para optimizar sus contratos inteligentes en el Blockchain. Utilizando técnicas de aprendizaje automático, la empresa analiza patrones de comportamiento en sus contratos existentes y identifica áreas de mejora. Luego, utilizan estos conocimientos para ajustar y optimizar los contratos, mejorando la eficiencia y la flexibilidad de sus operaciones.

Los resultados son notables: la empresa logra reducir los tiempos de ejecución de los contratos y minimizar los errores y las disputas. Además, al utilizar contratos inteligentes más flexibles y adaptables, pueden responder rápidamente a cambios en el mercado y a las necesidades de sus clientes.

Estudio de Caso 3: Análisis Predictivo en el Blockchain - Predicción de Tendencias de Mercado

En este estudio de caso, una empresa de inversión utiliza IA para realizar análisis predictivos en el mercado de criptomonedas. Utilizando algoritmos de aprendizaje automático, la empresa analiza datos históricos de transacciones en el Blockchain y detecta patrones y tendencias emergentes. Luego, utilizan estos datos para realizar predicciones sobre el comportamiento futuro del mercado y optimizar sus estrategias de inversión.

Los resultados son impresionantes: la empresa logra mejorar significativamente su rendimiento de inversión al anticiparse a cambios en el mercado y tomar decisiones informadas. Además, al utilizar la IA para realizar análisis predictivos, pueden identificar oportunidades de inversión que de otra manera podrían pasar desapercibidas.

Estudio de Caso 4: Mejora de la Escalabilidad y Rendimiento - Optimización de la Cadena de Bloques

En este estudio de caso, una red Blockchain enfrenta desafíos de escalabilidad y rendimiento a medida que el número de transacciones aumenta exponencialmente. Para abordar estos desafíos, la red implementa soluciones basadas en IA. Utilizando algoritmos de aprendizaje automático, la red optimiza los procesos de consenso y gestión de la red para mejorar la eficiencia y reducir los tiempos de procesamiento

. Además, la IA se utiliza para predecir la demanda y ajustar dinámicamente los recursos de la red para satisfacer las necesidades cambiantes de los usuarios. Como resultado, la red logra aumentar significativamente su capacidad de procesamiento y reducir los tiempos de confirmación de transacciones, lo que mejora la experiencia del usuario y la viabilidad a largo plazo de la red.

Estudio de Caso 5: Análisis de Datos en el Blockchain - Optimización de la Cadena de Suministro

En este estudio de caso, una empresa de logística utiliza IA para analizar datos en el Blockchain y optimizar su cadena de suministro. Utilizando algoritmos de aprendizaje automático, la empresa analiza los registros de transacciones en la cadena de bloques para identificar cuellos de botella y áreas de ineficiencia en la cadena de suministro. Luego, utiliza estos conocimientos para optimizar los procesos de producción, almacenamiento y distribución, mejorando la eficiencia y reduciendo los costos operativos.

Como resultado, la empresa logra mejorar significativamente su cadena de suministro, reduciendo los tiempos de entrega, minimizando los costos de almacenamiento y optimizando el inventario. Además, al utilizar la IA para analizar datos en el Blockchain, la empresa puede identificar oportunidades de mejora continua y adaptarse rápidamente a cambios en el mercado y las condiciones operativas.

Estudio de Caso 6: Seguridad y Privacidad Mejoradas - Gestión de Identidades Descentralizada

En este estudio de caso, una plataforma de gestión de identidades utiliza IA para mejorar la seguridad y la privacidad de sus usuarios. Utilizando técnicas de aprendizaje automático, la plataforma analiza patrones de comportamiento y datos biométricos para verificar la identidad de los usuarios de manera segura y confiable. Además, la plataforma utiliza algoritmos de encriptación y anonimización para proteger la privacidad de los datos del usuario.

Como resultado, la plataforma logra ofrecer una solución de gestión de identidades descentralizada que es segura, confiable y respetuosa con la privacidad del usuario. Además, al utilizar la IA para mejorar la seguridad y la privacidad, la plataforma puede adaptarse rápidamente a nuevas amenazas y garantizar la integridad de su sistema en todo momento.

Estudio de Caso 7: Mejora de la Eficiencia Energética - Gestión de Redes Energéticas Descentralizadas

En este estudio de caso, una red energética utiliza IA para mejorar la eficiencia y la gestión de sus operaciones descentralizadas. Utilizando algoritmos de aprendizaje automático, la red analiza datos de consumo de energía en tiempo real para predecir la demanda y optimizar la distribución de energía en la red. Además, la IA se utiliza para identificar y mitigar riesgos de sobrecarga o fallas en la red, mejorando la fiabilidad y la estabilidad del suministro energético.

Como resultado, la red energética logra reducir los costos operativos, minimizar el desperdicio de energía y mejorar la resiliencia ante eventos imprevistos. Además, al utilizar la IA para gestionar redes energéticas descentralizadas, la red puede adaptarse rápidamente a cambios en la demanda y las condiciones operativas, garantizando un suministro energético confiable y eficiente en todo momento.

Estudio de Caso 8: Autenticación y Seguridad Mejoradas - Protección de la Identidad Digital

En este estudio de caso, una plataforma de identidad digital utiliza IA para mejorar la autenticación y la seguridad de sus usuarios. Utilizando técnicas de aprendizaje automático, la plataforma analiza el comportamiento de los usuarios y los patrones de acceso para detectar y prevenir actividades fraudulentas. Además, la IA se utiliza para desarrollar modelos de reconocimiento facial y biométrico que garantizan la identidad digital de los usuarios de manera segura y confiable.

Como resultado, la plataforma de identidad digital logra ofrecer una solución segura y confiable para la autenticación de usuarios, protegiendo la identidad digital de los usuarios y mitigando el riesgo de fraude o robo de identidad. Además, al utilizar la IA para mejorar la seguridad de la identidad digital, la plataforma puede adaptarse rápidamente a nuevas amenazas y garantizar la integridad de su sistema en todo momento.

Estudio de Caso 9: Predicción de Riesgos Financieros - Gestión de Carteras de Inversión

En este estudio de caso, una empresa de gestión de inversiones utiliza IA para predecir riesgos financieros y optimizar sus estrategias de inversión. Utilizando algoritmos de aprendizaje automático, la empresa analiza datos históricos del mercado financiero y evalúa el riesgo asociado con diferentes activos e instrumentos financieros. Luego, utiliza estos conocimientos para construir y gestionar carteras de inversión diversificadas que maximizan el rendimiento y minimizan el riesgo.

Como resultado, la empresa de gestión de inversiones logra mejorar significativamente el rendimiento de sus carteras de inversión, superando consistentemente el mercado y generando retornos sólidos para sus clientes. Además, al utilizar la IA para predecir riesgos financieros, la empresa puede identificar oportunidades de inversión y mitigar riesgos de manera proactiva, adaptándose rápidamente a cambios en el mercado y las condiciones económicas.

Estudio de Caso 10: Análisis de Datos en el Blockchain - Gestión de Activos Digitales

En este estudio de caso, una empresa de gestión de activos utiliza IA para analizar datos en el Blockchain y optimizar la gestión de sus activos digitales. Utilizando algoritmos de aprendizaje automático, la empresa analiza patrones de transacciones y comportamiento del mercado para identificar oportunidades de inversión y minimizar riesgos. Además, la IA se utiliza para predecir el rendimiento futuro de los activos y desarrollar estrategias de inversión personalizadas para cada cliente.

Como resultado, la empresa logra mejorar significativamente su rendimiento de inversión y minimizar riesgos al anticiparse a cambios en el mercado y tomar decisiones informadas. Además, al utilizar la IA para analizar datos en el Blockchain, la empresa puede identificar patrones y tendencias emergentes que de otro modo podrían pasar desapercibidos, lo que le permite mantenerse competitiva en un mercado en constante cambio.

Estudio de Caso 11: Seguridad y Privacidad Mejoradas - Autenticación Descentralizada

En este estudio de caso, una plataforma de autenticación utiliza IA para mejorar la seguridad y la privacidad en la autenticación descentralizada. Utilizando técnicas de aprendizaje automático, la plataforma analiza patrones de comportamiento del usuario y datos biométricos para verificar la identidad de manera segura y confiable. Además, la IA se utiliza para detectar y prevenir intentos de suplantación de identidad y otros ataques cibernéticos.

Como resultado, la plataforma logra ofrecer una solución de autenticación descentralizada que es segura, confiable y respetuosa con la privacidad del usuario. Además, al utilizar la IA para mejorar la seguridad y la privacidad en la autenticación descentralizada, la plataforma puede adaptarse rápidamente a nuevas amenazas y garantizar la integridad de su sistema en todo momento.

Estudio de Caso 12: Análisis Predictivo en el Blockchain - Pronóstico de Demanda de Productos

En este estudio de caso, una empresa minorista utiliza IA para realizar análisis predictivos en el Blockchain y pronosticar la demanda de productos. Utilizando algoritmos de aprendizaje automático, la empresa analiza datos de ventas históricas y comportamiento del consumidor para identificar patrones y tendencias en la demanda de productos. Luego, utiliza estos datos para predecir la demanda futura y optimizar la gestión de inventario y la planificación de la cadena de suministro.

Como resultado, la empresa logra mejorar la eficiencia de su cadena de suministro y reducir los costos asociados con el exceso o la escasez de inventario. Además, al utilizar la IA para realizar análisis predictivos en el Blockchain, la empresa puede identificar oportunidades de venta cruzada y upselling y mejorar la experiencia del cliente.

Estudio de Caso 13: Mejora de la Escalabilidad y Rendimiento - Gestión de Redes Descentralizadas

En este estudio de caso, una red Blockchain enfrenta desafíos de escalabilidad y rendimiento a medida que crece su base de usuarios. Para abordar estos desafíos, la red implementa soluciones basadas en IA. Utilizando algoritmos de aprendizaje automático, la red optimiza los algoritmos de consenso y la gestión de la red para mejorar la eficiencia y reducir los tiempos de procesamiento. Además, la IA se utiliza para predecir la demanda de recursos de la red y asignar dinámicamente los recursos para satisfacer las necesidades cambiantes de los usuarios.

Como resultado, la red logra aumentar significativamente su capacidad de procesamiento y reducir los tiempos de confirmación de transacciones, lo que mejora la experiencia del usuario y la viabilidad a largo plazo de la red. Además, al utilizar la IA para optimizar la gestión de la red, la red puede adaptarse rápidamente a cambios en la demanda y garantizar un rendimiento óptimo en todo momento.

Estudio de Caso 14: Análisis de Datos en el Blockchain - Gestión de Riesgos Financieros

En este estudio de caso, una institución financiera utiliza IA para analizar datos en el Blockchain y gestionar riesgos financieros. Utilizando algoritmos de aprendizaje automático, la institución analiza datos de transacciones históricas y comportamiento del mercado para identificar riesgos potenciales y desarrollar estrategias de mitigación de riesgos. Además, la IA se utiliza para predecir el impacto de eventos macroeconómicos y cambios regulatorios en el mercado y ajustar dinámicamente las estrategias de inversión y gestión de cartera.

Como resultado, la institución financiera logra reducir significativamente su exposición a riesgos financieros y maximizar el rendimiento de sus inversiones. Además, al utilizar la IA para realizar análisis de datos en el Blockchain, la institución puede identificar oportunidades de inversión y mitigar riesgos de manera más eficiente y efectiva.

Estudio de Caso 15: Seguridad y Privacidad Mejoradas - Autenticación de Documentos Digitales

En este estudio de caso, una empresa de tecnología utiliza IA para mejorar la seguridad y la privacidad en la autenticación de documentos digitales en el Blockchain. Utilizando técnicas de aprendizaje automático, la empresa analiza patrones de texto y metadatos en los documentos para verificar su autenticidad y prevenir la falsificación. Además, la IA se utiliza para detectar y prevenir intentos de manipulación o alteración de documentos.

Como resultado, la empresa logra ofrecer una solución de autenticación de documentos digitales segura y confiable que cumple con los estándares de seguridad y privacidad más exigentes. Además, al utilizar la IA para mejorar la seguridad y la privacidad en la autenticación de documentos en el Blockchain, la empresa puede proteger la integridad de los datos y garantizar la autenticidad de los documentos en todo momento.

Estudio de Caso 16: Optimización de Contratos Inteligentes - Gestión de Seguros Descentralizada

En este estudio de caso, una compañía de seguros utiliza IA para optimizar la gestión de contratos inteligentes en el Blockchain. Utilizando algoritmos de aprendizaje automático, la compañía analiza datos históricos de reclamaciones y comportamiento del cliente para identificar patrones y tendencias en la gestión de seguros. Luego, utiliza estos datos para optimizar los términos y condiciones de los contratos inteligentes, mejorando la eficiencia y reduciendo los costos operativos asociados con la gestión de seguros.

Como resultado, la compañía logra mejorar significativamente la eficiencia de su proceso de reclamaciones y reducir los costos asociados con la gestión de seguros. Además, al utilizar la IA para optimizar contratos inteligentes en el Blockchain, la compañía puede ofrecer productos de seguros más personalizados y adaptados a las necesidades específicas de cada cliente.

Estudio de Caso 17: Análisis Predictivo en el Blockchain - Pronóstico de Precios de Activos Digitales

En este estudio de caso, una empresa de inversión utiliza IA para realizar análisis predictivos en el mercado de activos digitales. Utilizando algoritmos de aprendizaje automático, la empresa analiza datos históricos de precios y comportamiento del mercado para identificar patrones y tendencias emergentes en el mercado de activos digitales. Luego, utiliza estos datos para realizar pronósticos de precios futuros y desarrollar estrategias de inversión basadas en análisis técnico y fundamentos.

Como resultado, la empresa logra mejorar significativamente el rendimiento de su cartera de inversiones al anticiparse a cambios en el mercado y aprovechar oportunidades de inversión lucrativas. Además, al utilizar la IA para realizar análisis predictivos en el Blockchain, la empresa puede identificar oportunidades de inversión y minimizar riesgos de manera más eficiente y efectiva.

Estudio de Caso 18: Seguridad y Privacidad Mejoradas - Protección de la Identidad Digital

En este estudio de caso, una plataforma de identidad digital utiliza IA para mejorar la seguridad y la privacidad en la gestión de identidades en el Blockchain. Utilizando técnicas de aprendizaje automático, la plataforma analiza patrones de comportamiento y datos biométricos para verificar la identidad de manera segura y confiable. Además, la IA se utiliza para detectar y prevenir intentos de suplantación de identidad y otros ataques cibernéticos.

Como resultado, la plataforma logra ofrecer una solución de identidad digital segura y confiable que cumple con los estándares de seguridad y privacidad más exigentes. Además, al utilizar la IA para mejorar la seguridad y la privacidad en la gestión de identidades en el Blockchain, la plataforma puede proteger la integridad de los datos del usuario y prevenir el acceso no autorizado a la información confidencial.

Estudio de Caso 19: Mejora de la Escalabilidad y Rendimiento - Gestión de la Cadena de Suministro Global

En este estudio de caso, una empresa de logística global utiliza IA para optimizar la gestión de la cadena de suministro en el Blockchain. Utilizando algoritmos de aprendizaje automático, la empresa analiza datos de inventario, transporte y demanda para identificar cuellos de botella y áreas de ineficiencia en la cadena de suministro. Luego, utiliza estos datos para optimizar las rutas de transporte, mejorar la gestión de inventario y reducir los tiempos de entrega.

Como resultado, la empresa logra mejorar significativamente la eficiencia de su cadena de suministro y reducir los costos operativos asociados con el almacenamiento y la distribución. Además, al utilizar la IA para optimizar la gestión de la cadena de suministro en el Blockchain, la empresa puede adaptarse rápidamente a cambios en la demanda y garantizar un rendimiento óptimo en todo momento.

Estudio de Caso 20: Análisis de Datos en el Blockchain - Identificación de Fraude en el Mercado de Criptomonedas

En este estudio de caso, una empresa de análisis de datos utiliza IA para identificar fraudes en el mercado de criptomonedas. Utilizando algoritmos de aprendizaje automático, la empresa analiza datos históricos de transacciones y comportamiento del mercado para identificar patrones y tendencias asociadas con actividades fraudulentas. Luego, utiliza estos datos para desarrollar modelos predictivos que puedan detectar transacciones sospechosas en tiempo real y alertar a los usuarios sobre posibles riesgos.

Como resultado, la empresa logra reducir significativamente el riesgo de fraude en el mercado de criptomonedas y proteger a los usuarios de pérdidas financieras. Además, al utilizar la IA para identificar fraudes en el Blockchain, la empresa puede mantener la integridad y la confiabilidad del mercado y fomentar un entorno seguro y transparente para la inversión en criptomonedas.

Estudio de Caso 21: Seguridad y Privacidad Mejoradas - Gestión de Identidades Digitales Soberanas

En este estudio de caso, una plataforma de identidad digital utiliza IA para mejorar la seguridad y la privacidad en la gestión de identidades digitales soberanas en el Blockchain. Utilizando técnicas de aprendizaje automático, la plataforma analiza patrones de comportamiento del usuario y datos biométricos para verificar la identidad de manera segura y confiable. Además, la IA se utiliza para desarrollar modelos predictivos que puedan detectar y prevenir intentos de suplantación de identidad y otros ataques cibernéticos.

Como resultado, la plataforma logra ofrecer una solución de identidad digital soberana que es segura, confiable y respetuosa con la privacidad del usuario. Además, al utilizar la IA para mejorar la seguridad y la privacidad en la gestión de identidades digitales soberanas en el Blockchain, la plataforma puede garantizar la integridad de los datos del usuario y proteger la privacidad del usuario en todo momento.

Estudio de Caso 22: Análisis Predictivo en el Blockchain - Pronóstico de Demanda Energética

En este estudio de caso, una empresa de energía utiliza IA para realizar análisis predictivos en el mercado energético utilizando datos en el Blockchain. Utilizando algoritmos de aprendizaje automático, la empresa analiza datos históricos de consumo de energía y comportamiento del mercado para identificar patrones y tendencias. Luego, utiliza estos datos para predecir la demanda futura de energía y optimizar la producción y distribución de energía en tiempo real.

Como resultado, la empresa logra mejorar la eficiencia de su infraestructura energética y reducir los costos asociados con la producción y distribución de energía. Además, al utilizar la IA para realizar análisis predictivos en el Blockchain, la empresa puede anticiparse a cambios en la demanda y garantizar un suministro de energía confiable y sostenible.

Estudio de Caso 23: Seguridad y Privacidad Mejoradas - Protección de Datos Biomédicos

En este estudio de caso, un sistema de gestión de registros médicos utiliza IA para mejorar la seguridad y la privacidad en la gestión de datos biomédicos en el Blockchain. Utilizando técnicas de aprendizaje automático, el sistema analiza patrones de acceso a los datos y detecta posibles violaciones de seguridad o uso indebido. Además, la IA se utiliza para cifrar y anonimizar los datos biomédicos, garantizando su privacidad y confidencialidad.

Como resultado, el sistema logra ofrecer una solución de gestión de registros médicos segura y confiable que cumple con las regulaciones de privacidad de datos. Además, al utilizar la IA para mejorar la seguridad y la privacidad en la gestión de datos biomédicos en el Blockchain, el sistema puede proteger la integridad de los datos y garantizar la confidencialidad de la información del paciente en todo momento.

Estudio de Caso 24: Análisis de Datos en el Blockchain - Optimización de la Publicidad Digital

En este estudio de caso, una empresa de publicidad utiliza IA para optimizar la publicidad digital utilizando datos en el Blockchain. Utilizando algoritmos de aprendizaje automático, la empresa analiza datos de comportamiento del usuario y preferencias de consumo para identificar audiencias objetivo y desarrollar estrategias de publicidad personalizadas. Luego, utiliza estos datos para optimizar la distribución de anuncios y maximizar el retorno de la inversión publicitaria.

Como resultado, la empresa logra mejorar significativamente la efectividad de sus campañas publicitarias y aumentar las tasas de conversión. Además, al utilizar la IA para optimizar la publicidad digital en el Blockchain, la empresa puede identificar oportunidades de mercado y adaptar sus estrategias publicitarias para maximizar el impacto y el alcance de sus mensajes.

Estudio de Caso 25: Optimización de Contratos Inteligentes - Automatización de Procesos de Negociación

En este estudio de caso, una empresa utiliza IA para optimizar los contratos inteligentes en el Blockchain y automatizar los procesos de negociación. Utilizando algoritmos de aprendizaje automático, la empresa analiza patrones de negociación y comportamiento del mercado para identificar cláusulas contractuales comunes y preferencias de los clientes. Luego, utiliza estos datos para generar automáticamente contratos inteligentes personalizados que se ajusten a las necesidades y preferencias de cada parte.

Como resultado, la empresa logra mejorar la eficiencia de sus procesos de negociación y reducir los tiempos y costos asociados con la redacción y revisión de contratos. Además, al utilizar la IA para optimizar los contratos inteligentes en el Blockchain, la empresa puede ofrecer a sus clientes una experiencia de negociación más rápida, eficiente y personalizada.

Estudio de Caso 26: Análisis Predictivo en el Blockchain - Pronóstico de Precios de Bienes Raíces

En este estudio de caso, una empresa inmobiliaria utiliza IA para realizar análisis predictivos en el mercado de bienes raíces utilizando datos en el Blockchain. Utilizando algoritmos de aprendizaje automático, la empresa analiza datos históricos de precios de propiedades y comportamiento del mercado para identificar patrones y tendencias. Luego, utiliza estos datos para predecir los precios futuros de las propiedades y ayudar a los clientes a tomar decisiones informadas sobre inversiones inmobiliarias.

Como resultado, la empresa logra mejorar la precisión de sus pronósticos de precios y proporcionar a sus clientes una guía más confiable para tomar decisiones de inversión en bienes raíces. Además, al utilizar la IA para realizar análisis predictivos en el Blockchain, la empresa puede identificar oportunidades de inversión lucrativas y minimizar riesgos en el mercado inmobiliario.

Estudio de Caso 27: Seguridad y Privacidad Mejoradas - Gestión de Identidades Digitales Descentralizadas

En este estudio de caso, una plataforma de identidad digital utiliza IA para mejorar la seguridad y la privacidad en la gestión de identidades digitales descentralizadas en el Blockchain. Utilizando técnicas de aprendizaje automático, la plataforma analiza patrones de comportamiento del usuario y datos biométricos para verificar la identidad de manera segura y confiable. Además, la IA se utiliza para desarrollar modelos predictivos que puedan detectar y prevenir intentos de suplantación de identidad y otros ataques cibernéticos.

Como resultado, la plataforma logra ofrecer una solución de identidad digital descentralizada que es segura, confiable y respetuosa con la privacidad del usuario. Además, al utilizar la IA para mejorar la seguridad y la privacidad en la gestión de identidades digitales descentralizadas en el Blockchain, la plataforma puede garantizar la integridad de los datos del usuario y proteger la privacidad del usuario en todo momento.

Estudio de Caso 28: Mejora de la Escalabilidad y Rendimiento - Optimización de Redes Blockchain

En este estudio de caso, una red Blockchain utiliza IA para mejorar su escalabilidad y rendimiento. Utilizando algoritmos de aprendizaje automático, la red analiza el comportamiento de los nodos y la congestión de la red para identificar cuellos de botella y áreas de ineficiencia. Luego, utiliza estos datos para ajustar dinámicamente la asignación de recursos y optimizar el rendimiento de la red.

Como resultado, la red logra aumentar su capacidad de procesamiento y reducir los tiempos de confirmación de transacciones, lo que mejora la experiencia del usuario y la viabilidad a largo plazo de la red. Además, al utilizar la IA para optimizar las redes Blockchain, se pueden adaptar rápidamente a cambios en la demanda y garantizar un rendimiento óptimo en todo momento.

Estudio de Caso 29: Análisis de Datos en el Blockchain - Mejora de la Eficiencia Energética

En este estudio de caso, una empresa de gestión de energía utiliza IA para mejorar la eficiencia energética utilizando datos en el Blockchain. Utilizando algoritmos de aprendizaje automático, la empresa analiza datos de consumo de energía y patrones de comportamiento para identificar áreas de desperdicio y oportunidades de optimización. Luego, utiliza estos datos para desarrollar estrategias de gestión de energía más eficientes y sostenibles.

Como resultado, la empresa logra reducir su consumo de energía y sus costos asociados, al tiempo que minimiza su impacto ambiental. Además, al utilizar la IA para mejorar la eficiencia energética en el Blockchain, la empresa puede contribuir a la transición hacia un futuro más sostenible y respetuoso con el medio ambiente.

Estudio de Caso 30: Seguridad y Privacidad Mejoradas - Protección de Datos de IoT

En este estudio de caso, una empresa de tecnología utiliza IA para mejorar la seguridad y la privacidad de los datos de IoT en el Blockchain. Utilizando técnicas de aprendizaje automático, la empresa analiza patrones de comportamiento de los dispositivos IoT y detecta posibles vulnerabilidades y riesgos de seguridad. Luego, utiliza estos datos para implementar medidas de seguridad adicionales y proteger los datos de IoT de posibles ataques cibernéticos.

Como resultado, la empresa logra ofrecer una solución de gestión de datos de IoT segura y confiable que protege la integridad y la confidencialidad de los datos del usuario. Además, al utilizar la IA para mejorar la seguridad y la privacidad de los datos de IoT en el Blockchain, la empresa puede garantizar la protección de los datos del usuario y la integridad de la red en todo momento.

Estudio de Caso 31: Optimización de Contratos Inteligentes - Gestión de Procesos Legales

En este estudio de caso, un bufete de abogados utiliza IA para optimizar la gestión de contratos inteligentes en el ámbito legal. Utilizando algoritmos de aprendizaje automático, el bufete analiza documentos legales y contratos para identificar cláusulas estándar, áreas de riesgo y posibles mejoras en los contratos. Luego, utiliza estos datos para generar automáticamente contratos inteligentes que cumplan con los requisitos legales y las preferencias de los clientes.

Como resultado, el bufete logra mejorar la eficiencia de sus procesos legales y reducir los costos asociados con la redacción y revisión de contratos. Además, al utilizar la IA para optimizar los contratos inteligentes en el Blockchain, el bufete puede ofrecer a sus clientes una experiencia legal más rápida, eficiente y confiable.

Estudio de Caso 32: Análisis Predictivo en el Blockchain - Pronóstico de Demanda de Productos

En este estudio de caso, una empresa minorista utiliza IA para realizar análisis predictivos en el mercado minorista utilizando datos en el Blockchain. Utilizando algoritmos de aprendizaje automático, la empresa analiza datos de ventas, tendencias del mercado y comportamiento del consumidor para identificar patrones y tendencias emergentes. Luego, utiliza estos datos para predecir la demanda futura de productos y optimizar el inventario y la planificación de la cadena de suministro.

Como resultado, la empresa logra mejorar la precisión de sus pronósticos de demanda y reducir los costos asociados con el exceso o la falta de inventario. Además, al utilizar la IA para realizar análisis predictivos en el Blockchain, la empresa puede anticiparse a cambios en la demanda y garantizar un suministro de productos más eficiente y satisfactorio para sus clientes.

Estudio de Caso 33: Seguridad y Privacidad Mejoradas - Protección de Datos de Identidad

En este estudio de caso, una plataforma de identidad digital utiliza IA para mejorar la seguridad y la privacidad en la gestión de datos de identidad en el Blockchain. Utilizando técnicas de aprendizaje automático, la plataforma analiza patrones de comportamiento del usuario y datos biométricos para verificar la identidad de manera segura y confiable. Además, la IA se utiliza para detectar y prevenir intentos de suplantación de identidad y otros ataques cibernéticos.

Como resultado, la plataforma logra ofrecer una solución de gestión de datos de identidad segura y confiable que protege la integridad y la privacidad de los datos del usuario. Además, al utilizar la IA para mejorar la seguridad y la privacidad en la gestión de datos de identidad en el Blockchain, la plataforma puede garantizar la protección de la identidad del usuario y prevenir el acceso no autorizado a la información personal.

Estudio de Caso 34: Optimización de Contratos Inteligentes - Automatización de Procesos de Compra

En este estudio de caso, una empresa utiliza IA para optimizar los contratos inteligentes en el proceso de compra y venta. Utilizando algoritmos de aprendizaje automático, la empresa analiza patrones de compra y venta, así como las preferencias del cliente, para identificar cláusulas contractuales comunes y áreas de mejora. Luego, utiliza estos datos para generar automáticamente contratos inteligentes adaptados a las necesidades de cada transacción.

Como resultado, la empresa logra agilizar sus procesos de compra y venta, reduciendo los tiempos de negociación y aumentando la eficiencia operativa. Además, al utilizar la IA para optimizar los contratos inteligentes en el Blockchain, la empresa puede mejorar la experiencia del cliente al ofrecer transacciones más rápidas y sin complicaciones.

Estudio de Caso 35: Análisis Predictivo en el Blockchain - Pronóstico de Precios de Materias Primas

En este estudio de caso, una empresa de materias primas utiliza IA para realizar análisis predictivos en el mercado de materias primas utilizando datos en el Blockchain. Utilizando algoritmos de aprendizaje automático, la empresa analiza datos históricos de precios y comportamiento del mercado para identificar patrones y tendencias. Luego, utiliza estos datos para predecir los precios futuros de las materias primas y tomar decisiones informadas sobre compras y ventas.

Como resultado, la empresa logra mejorar la precisión de sus pronósticos de precios y minimizar el riesgo de pérdidas financieras debido a fluctuaciones en el mercado de materias primas. Además, al utilizar la IA para realizar análisis predictivos en el Blockchain, la empresa puede identificar oportunidades de inversión lucrativas y maximizar su rentabilidad en el mercado.

Estudio de Caso 36: Seguridad y Privacidad Mejoradas - Gestión de Datos de Salud

En este estudio de caso, un sistema de gestión de registros médicos utiliza IA para mejorar la seguridad y la privacidad en la gestión de datos de salud en el Blockchain. Utilizando técnicas de aprendizaje automático, el sistema analiza patrones de comportamiento del usuario y datos médicos para identificar posibles vulnerabilidades y riesgos de seguridad. Luego, utiliza estos datos para implementar medidas de seguridad adicionales y proteger la integridad de los datos de salud del usuario.

Como resultado, el sistema logra ofrecer una solución de gestión de datos de salud segura y confiable que protege la privacidad y la confidencialidad de la información del paciente. Además, al utilizar la IA para mejorar la seguridad y la privacidad en la gestión de datos de salud en el Blockchain, el sistema puede garantizar la protección de la información del paciente y cumplir con los estándares de seguridad y privacidad más exigentes.

Estudio de Caso 37: Optimización de la Eficiencia Energética - Gestión Inteligente de la Energía

En este estudio de caso, una compañía de servicios públicos utiliza IA para optimizar la eficiencia energética a través de la gestión inteligente de la energía en el Blockchain. Utilizando algoritmos de aprendizaje automático, la compañía analiza datos de consumo de energía, patrones climáticos y demanda del mercado para identificar oportunidades de ahorro de energía y optimización de la red eléctrica. Luego, utiliza estos datos para ajustar dinámicamente la generación y distribución de energía, maximizando la eficiencia y minimizando los costos operativos.

Como resultado, la compañía logra reducir significativamente su consumo de energía y sus emisiones de carbono, al tiempo que garantiza un suministro de energía estable y confiable para sus clientes. Además, al utilizar la IA para optimizar la eficiencia energética en el Blockchain, la compañía puede contribuir de manera efectiva a la transición hacia una red eléctrica más sostenible y resiliente.

Estudio de Caso 38: Análisis Predictivo en el Blockchain - Pronóstico de Mercados Financieros

En este estudio de caso, una empresa de inversión utiliza IA para realizar análisis predictivos en los mercados financieros utilizando datos en el Blockchain. Utilizando algoritmos de aprendizaje automático, la empresa analiza datos históricos de precios de activos, noticias financieras y sentimiento del mercado para identificar patrones y tendencias. Luego, utiliza estos datos para predecir los movimientos futuros del mercado y tomar decisiones informadas sobre inversiones.

Como resultado, la empresa logra mejorar la precisión de sus pronósticos financieros y aumentar su rentabilidad en el mercado. Además, al utilizar la IA para realizar análisis predictivos en el Blockchain, la empresa puede identificar oportunidades de inversión lucrativas y minimizar el riesgo de pérdidas financieras.

Estudio de Caso 39: Seguridad y Privacidad Mejoradas - Protección de Datos Financieros

En este estudio de caso, una plataforma de servicios financieros utiliza IA para mejorar la seguridad y la privacidad en la gestión de datos financieros en el Blockchain. Utilizando técnicas de aprendizaje automático, la plataforma analiza patrones de comportamiento del usuario y transacciones financieras para identificar posibles fraudes y actividades sospechosas. Luego, utiliza estos datos para implementar medidas de seguridad adicionales y proteger la integridad de los datos financieros del usuario.

Como resultado, la plataforma logra ofrecer una solución de gestión de datos financieros segura y confiable que protege la privacidad y la confidencialidad de la información del usuario. Además, al utilizar la IA para mejorar la seguridad y la privacidad en la gestión de datos financieros en el Blockchain, la plataforma puede garantizar la protección de los activos del usuario y prevenir el acceso no autorizado a la información financiera.

Estudio de Caso 40: Optimización de Contratos Inteligentes - Gestión de Procesos Logísticos

En este estudio de caso, una empresa de logística utiliza IA para optimizar la gestión de contratos inteligentes en sus procesos logísticos. Utilizando algoritmos de aprendizaje automático, la empresa analiza patrones de envío, datos de seguimiento de paquetes y condiciones del mercado para identificar áreas de mejora en los contratos de envío. Luego, utiliza estos datos para generar automáticamente contratos inteligentes que optimizan los costos, los tiempos de entrega y la eficiencia de la cadena de suministro.

Como resultado, la empresa logra reducir los costos operativos, mejorar la velocidad de entrega y ofrecer un servicio más eficiente a sus clientes. Además, al utilizar la IA para optimizar los contratos inteligentes en el Blockchain, la empresa puede adaptarse rápidamente a cambios en la demanda y garantizar la satisfacción del cliente en un mercado logístico cada vez más competitivo.

Estudio de Caso 41: Análisis Predictivo en el Blockchain - Pronóstico de Tendencias de Consumo

En este estudio de caso, una empresa de análisis de mercado utiliza IA para realizar análisis predictivos en el mercado minorista utilizando datos en el Blockchain. Utilizando algoritmos de aprendizaje automático, la empresa analiza datos de ventas, comportamiento del consumidor y tendencias de mercado para identificar patrones y anticipar las demandas futuras de los consumidores. Luego, utiliza estos datos para pronosticar tendencias de consumo y ayudar a las empresas a tomar decisiones informadas sobre inventario, marketing y desarrollo de productos.

Como resultado, la empresa de análisis de mercado logra ofrecer a sus clientes información valiosa y perspicaz sobre las preferencias del consumidor y las tendencias del mercado, lo que les permite tomar decisiones estratégicas que impulsen el crecimiento y la rentabilidad de sus negocios. Además, al utilizar la IA para realizar análisis predictivos en el Blockchain, la empresa puede ofrecer pronósticos de tendencias de consumo más precisos y relevantes en un mercado minorista en constante evolución.

Estudio de Caso 42: Seguridad y Privacidad Mejoradas - Protección de Datos de Propiedad Intelectual

En este estudio de caso, una plataforma de gestión de derechos de autor utiliza IA para mejorar la seguridad y la privacidad en la protección de datos de propiedad intelectual en el Blockchain. Utilizando técnicas de aprendizaje automático, la plataforma analiza patrones de uso y acceso a contenidos protegidos por derechos de autor para identificar posibles infracciones y piratería. Luego, utiliza estos datos para implementar medidas de seguridad adicionales, como el cifrado de contenido y la gestión de permisos, para proteger la integridad de la propiedad intelectual de los creadores y artistas.

Como resultado, la plataforma logra ofrecer una solución de gestión de derechos de autor segura y confiable que protege la propiedad intelectual de los creadores y garantiza que reciban una compensación justa por su trabajo. Además, al utilizar la IA para mejorar la seguridad y la privacidad en la protección de datos de propiedad intelectual en el Blockchain, la plataforma puede contribuir a la preservación de la creatividad y la innovación en un entorno digital cada vez más complejo y competitivo.

Estudio de Caso 43: Optimización de Contratos Inteligentes - Automatización de Procesos de Seguros

En este estudio de caso, una compañía de seguros utiliza IA para optimizar la gestión de contratos inteligentes en sus procesos de seguros. Utilizando algoritmos de aprendizaje automático, la compañía analiza datos de reclamaciones, historiales de clientes y tendencias del mercado para identificar patrones y mejorar los términos y condiciones de los contratos de seguros. Luego, utiliza estos datos para generar automáticamente contratos inteligentes personalizados que se ajusten a las necesidades y perfiles de riesgo de cada cliente.

Como resultado, la compañía logra agilizar sus procesos de suscripción y reclamación, reduciendo los tiempos de respuesta y aumentando la satisfacción del cliente. Además, al utilizar la IA para optimizar los contratos inteligentes en el Blockchain, la compañía puede ofrecer seguros más personalizados y competitivos en un mercado en constante evolución.

Estudio de Caso 44: Análisis Predictivo en el Blockchain - Pronóstico de Demanda de Viajes

En este estudio de caso, una empresa de viajes utiliza IA para realizar análisis predictivos en el mercado de viajes utilizando datos en el Blockchain. Utilizando algoritmos de aprendizaje automático, la empresa analiza datos de reservas, patrones de viaje y eventos globales para identificar tendencias emergentes y anticipar la demanda futura de viajes. Luego, utiliza estos datos para ajustar dinámicamente sus ofertas y tarifas, maximizando la ocupación y la rentabilidad.

Como resultado, la empresa logra mejorar la eficiencia operativa, optimizar la utilización de recursos y ofrecer una experiencia de viaje más personalizada y satisfactoria para sus clientes. Además, al utilizar la IA para realizar análisis predictivos en el Blockchain, la empresa puede adaptarse rápidamente a cambios en la demanda y mantener su competitividad en un mercado de viajes altamente dinámico y competitivo.

Estudio de Caso 45: Seguridad y Privacidad Mejoradas - Gestión de Datos de Identidad Digital

En este estudio de caso, una plataforma de identidad digital utiliza IA para mejorar la seguridad y la privacidad en la gestión de datos de identidad digital en el Blockchain. Utilizando técnicas de aprendizaje automático, la plataforma analiza patrones de comportamiento del usuario y datos biométricos para verificar la identidad de manera segura y confiable. Además, utiliza la IA para detectar y prevenir intentos de suplantación de identidad y otros ataques cibernéticos.

Como resultado, la plataforma logra ofrecer una solución de identidad digital segura y confiable que protege la privacidad y la seguridad del usuario en un entorno digital cada vez más complejo y amenazante. Además, al utilizar la IA para mejorar la seguridad y la privacidad en la gestión de datos de identidad digital en el Blockchain, la plataforma puede garantizar la integridad de los datos del usuario y proteger contra posibles vulnerabilidades y amenazas cibernéticas.

Capítulo 6: Aprendizaje Automático y Análisis Predictivo en Blockchain

En este capítulo, nos adentraremos en el fascinante mundo donde convergen el aprendizaje automático (AA) y el análisis predictivo con el blockchain. Veremos cómo estas tecnologías se fusionan para predecir tendencias, tomar decisiones basadas en datos históricos y ofrecer perspectivas valiosas para diversas aplicaciones en el contexto del blockchain. Prepárate para sumergirte en un viaje donde la innovación tecnológica se encuentra con la promesa del futuro.

6.1 Uso de Algoritmos de Aprendizaje Automático para Predecir Tendencias en Blockchain

El aprendizaje automático se ha convertido en una herramienta poderosa para predecir tendencias en una variedad de industrias, y el blockchain no es la excepción. Los algoritmos de AA pueden analizar enormes cantidades de datos para identificar patrones y anticipar futuros movimientos del mercado con una precisión sorprendente. En el contexto del blockchain, estos algoritmos pueden ser empleados para predecir el comportamiento de los precios de criptomonedas, pronosticar la demanda de activos digitales y mucho más.

Aplicación en la Predicción de Precios de Criptomonedas:

Imagina una plataforma que utiliza algoritmos de AA para analizar el histórico de transacciones de criptomonedas, los datos de mercado y los eventos relevantes para predecir el precio futuro de una criptomoneda. Estos algoritmos pueden identificar patrones complejos en los datos y utilizarlos para hacer predicciones precisas sobre la dirección en la que se moverá el mercado. Los inversores pueden aprovechar estas predicciones para tomar decisiones informadas sobre cuándo comprar o vender, maximizando así sus ganancias y minimizando sus riesgos.

6.2 Análisis de Datos Históricos para Tomar Decisiones en el Contexto del Blockchain

El análisis de datos históricos es fundamental para comprender el pasado y anticipar el futuro. En el contexto del blockchain, donde cada transacción queda registrada de forma inmutable, el análisis de datos históricos cobra una importancia aún mayor. Los algoritmos de AA pueden aprovechar esta vasta cantidad de datos para identificar patrones y tendencias que podrían pasar desapercibidos para los analistas humanos.

Aplicación en la Optimización de Procesos de Negocios:

Imagina una empresa que utiliza el blockchain para rastrear el flujo de productos desde la producción hasta la entrega. Al analizar los datos históricos de la cadena de bloques, los algoritmos de AA pueden identificar cuellos de botella en la cadena de suministro, prever demandas futuras y optimizar las operaciones para satisfacer mejor las necesidades del mercado. Esto podría conducir a una reducción de costos, una mayor eficiencia operativa y una mejor satisfacción del cliente.

6.3 Casos de Estudio de Empresas que Han Implementado Modelos Predictivos en Blockchain

Para comprender mejor cómo se están utilizando los algoritmos de AA y el análisis predictivo en el contexto del blockchain, analicemos algunos casos de estudio de empresas que han adoptado estas tecnologías con éxito.

Estudio de Caso 1: Predicción de Fraudes en Transacciones Financieras

Una institución financiera utiliza algoritmos de AA para analizar transacciones en su red blockchain y prevenir fraudes. Estos algoritmos pueden identificar patrones sospechosos de actividad y alertar a los investigadores antes de que ocurra un fraude, salvaguardando así los fondos de los clientes y protegiendo la reputación de la institución.

Estudio de Caso 2: Optimización de la Cadena de Suministro

Una empresa de logística aprovecha el aprendizaje automático para predecir la demanda de sus productos y optimizar su cadena de suministro en consecuencia. Al analizar datos históricos de transacciones en la cadena de bloques, la empresa puede anticipar picos de demanda, evitar escaseces de inventario y reducir costos operativos.

Estudio de Caso 3: Personalización de Contenidos en Plataformas de Entretenimiento

Una plataforma de streaming utiliza algoritmos de AA para analizar los hábitos de visualización de sus usuarios y recomendar contenido personalizado. Estos algoritmos pueden predecir qué películas o programas de televisión disfrutará un usuario en función de su historial de visualización y preferencias, mejorando así la experiencia del usuario y aumentando la retención.

6.4 Perspectivas Futuras y Desafíos

A pesar de los impresionantes avances logrados hasta ahora en la integración del aprendizaje automático y el análisis predictivo en el blockchain, todavía enfrentamos desafíos y tenemos que considerar cuidadosamente las perspectivas futuras de estas tecnologías.

Desafíos Tecnológicos:

Uno de los principales desafíos es la escalabilidad de los algoritmos de aprendizaje automático en el contexto del blockchain. Si bien los avances en hardware y software están mejorando constantemente, aún existe la necesidad de desarrollar técnicas de AA más eficientes que puedan ejecutarse en entornos descentralizados y distribuidos.

Además, la privacidad de los datos es otro desafío importante. A medida que más empresas y usuarios adoptan el blockchain, la cantidad de datos almacenados en la cadena de bloques aumenta significativamente. Es fundamental garantizar que los datos sensibles estén protegidos y que solo se compartan de manera segura y autorizada.

Consideraciones Éticas:

Otro aspecto crucial a tener en cuenta son las consideraciones éticas relacionadas con el uso de algoritmos de aprendizaje automático en el blockchain. Existe el riesgo de sesgos algorítmicos y discriminación, especialmente cuando se utilizan modelos predictivos en decisiones críticas, como la contratación, el crédito y la atención médica.

Es fundamental abordar estos problemas éticos mediante la implementación de prácticas transparentes y equitativas en el desarrollo y la implementación de algoritmos de AA. Esto incluye la recopilación y el uso ético de datos, la realización de pruebas rigurosas para detectar y mitigar sesgos algorítmicos, y la garantía de la transparencia y la rendición de cuentas en el proceso de toma de decisiones.

Perspectivas Futuras:

A pesar de estos desafíos, las perspectivas futuras para la integración del aprendizaje automático y el análisis predictivo en el blockchain son emocionantes. Con el continuo avance de la tecnología, es probable que veamos mejoras significativas en la eficiencia y la escalabilidad de los algoritmos de AA, lo que permitirá aplicaciones más amplias y sofisticadas en el blockchain.

Además, el desarrollo de nuevas técnicas de privacidad y seguridad podría allanar el camino para una adopción más amplia del blockchain en una variedad de sectores, incluidos la salud, las finanzas, la logística y más. Esto abriría nuevas oportunidades para el uso de algoritmos de aprendizaje automático y análisis predictivo en aplicaciones innovadoras y disruptivas.

6.5 Impacto Potencial en Diversos Sectores

El potencial impacto del aprendizaje automático y el análisis predictivo en el blockchain se extiende a una variedad de sectores, desde las finanzas hasta la atención médica y más allá. A continuación, exploraremos algunas de las áreas donde estas tecnologías pueden tener un impacto significativo:

Finanzas:

En el sector financiero, el aprendizaje automático y el análisis predictivo pueden utilizarse para una variedad de aplicaciones, como la detección de fraudes, la evaluación del riesgo crediticio y la optimización de carteras de inversión. Los algoritmos de AA pueden analizar grandes volúmenes de datos financieros en tiempo real y predecir patrones de comportamiento del mercado, lo que permite a las instituciones financieras tomar decisiones más informadas y mitigar los riesgos.

Salud:

En el campo de la salud, el aprendizaje automático y el análisis predictivo pueden ayudar a mejorar el diagnóstico y el tratamiento de enfermedades, optimizar la gestión de registros médicos y prever brotes de enfermedades. Por ejemplo, los algoritmos de AA pueden analizar datos genómicos y clínicos para identificar patrones que indiquen la probabilidad de desarrollar ciertas enfermedades, lo que podría permitir intervenciones preventivas más tempranas y personalizadas.

Logística y Cadena de Suministro:

En el ámbito de la logística y la cadena de suministro, el aprendizaje automático y el análisis predictivo pueden utilizarse para optimizar rutas de envío, predecir la demanda de productos y mejorar la eficiencia operativa. Por ejemplo, los algoritmos de AA pueden analizar datos de inventario y patrones de demanda para predecir cuándo y dónde se necesitarán ciertos productos, lo que puede ayudar a reducir los costos de almacenamiento y mejorar la satisfacción del cliente.

Energía y Recursos Naturales:

En el sector de la energía y los recursos naturales, el aprendizaje automático y el análisis predictivo pueden utilizarse para optimizar la producción de energía, predecir la demanda de recursos y mejorar la gestión ambiental. Por ejemplo, los algoritmos de AA pueden analizar datos de sensores en tiempo real para predecir la producción de energía solar o eólica, lo que puede ayudar a las empresas a planificar y optimizar sus operaciones de manera más eficiente.

Educación:

En el campo de la educación, el aprendizaje automático y el análisis predictivo pueden utilizarse para personalizar el aprendizaje, identificar áreas de mejora y predecir el rendimiento académico de los estudiantes. Por ejemplo, los algoritmos de AA pueden analizar datos de rendimiento estudiantil y patrones de comportamiento para identificar a los estudiantes que podrían estar en riesgo de abandonar la escuela o que podrían beneficiarse de intervenciones adicionales, lo que puede ayudar a mejorar las tasas de retención y el éxito estudiantil.

6.6 Ética y Gobernanza en la Aplicación de Tecnologías Emergentes

A medida que el aprendizaje automático y el análisis predictivo se integran más profundamente en el blockchain y otras tecnologías emergentes, es fundamental considerar las implicaciones éticas y de gobernanza de su aplicación. En este apartado, exploraremos los principios éticos que deben guiar el desarrollo y la implementación de estas tecnologías, así como los desafíos y oportunidades asociados con la gobernanza en este espacio.

Principios Éticos:

1. Transparencia: Los desarrolladores y usuarios de algoritmos de aprendizaje automático deben ser transparentes sobre cómo se recopilan, almacenan y utilizan los datos, así como sobre los criterios utilizados para tomar decisiones.

2. Equidad: Es fundamental garantizar que los algoritmos de AA no perpetúen sesgos o discriminaciones injustas. Esto requiere un diseño cuidadoso de los modelos de aprendizaje automático y una evaluación continua de su impacto en diferentes grupos de población.

3. Privacidad: Se debe proteger la privacidad de los datos de los usuarios y garantizar que se utilicen de manera ética y responsable. Esto incluye la implementación de medidas de seguridad robustas y el cumplimiento de las regulaciones de privacidad de datos aplicables.

4. Responsabilidad: Los desarrolladores y usuarios de algoritmos de AA deben asumir la responsabilidad de sus acciones y decisiones. Esto incluye la realización de pruebas rigurosas para detectar y mitigar sesgos algorítmicos, así como la rendición de cuentas por el impacto de sus tecnologías en la sociedad.

Desafíos de Gobernanza:

1. Regulación: La rápida evolución de la tecnología puede superar la capacidad de los marcos regulatorios existentes para abordar los desafíos éticos y de gobernanza asociados con el aprendizaje automático y el análisis predictivo. Es fundamental que los reguladores mantengan un ritmo cercano con la innovación tecnológica y desarrollen regulaciones que protejan los derechos y la privacidad de los individuos.

2. Cooperación Internacional: Dada la naturaleza global de la tecnología blockchain y el aprendizaje automático, es crucial una cooperación internacional para abordar los desafíos éticos y de gobernanza de manera efectiva. Esto requiere la colaboración entre gobiernos, empresas, organizaciones sin fines de lucro y otros actores interesados en el desarrollo de estándares y mejores prácticas.

3. Participación de las Partes Interesadas: Es fundamental que las partes interesadas, incluidos los usuarios, las empresas y la sociedad civil, participen en el desarrollo y la implementación de políticas y regulaciones relacionadas con el aprendizaje automático y el análisis predictivo. Esto garantizará que se aborden adecuadamente sus preocupaciones y se protejan sus intereses.

Oportunidades de Gobernanza:

1. Innovación Responsable: Una gobernanza efectiva puede fomentar la innovación responsable al establecer estándares éticos y legales claros para el desarrollo y la implementación de tecnologías emergentes. Esto puede promover la confianza del público en estas tecnologías y facilitar su adopción generalizada.

2. Empoderamiento de los Usuarios: Una gobernanza efectiva puede empoderar a los usuarios al garantizar que tengan control sobre sus datos y puedan tomar decisiones informadas sobre cómo se utilizan. Esto puede promover la privacidad y la autonomía de los individuos y proteger sus derechos en el mundo digital.

3. Rendición de Cuentas: Una gobernanza efectiva puede garantizar que los desarrolladores y usuarios de tecnologías emergentes sean responsables de sus acciones y decisiones. Esto puede ayudar a prevenir el abuso y la explotación de estas tecnologías y promover su uso ético y responsable en beneficio de la sociedad en su conjunto.

6.7 Reflexiones sobre el Futuro del Aprendizaje Automático y el Análisis Predictivo en el Blockchain

A medida que avanzamos hacia el futuro, es esencial reflexionar sobre el papel que el aprendizaje automático y el análisis predictivo jugarán en el desarrollo y la evolución del blockchain. En este capítulo, exploraremos algunas reflexiones sobre el futuro de estas tecnologías y cómo podrían impactar en nuestra sociedad y en el mundo en general.

Innovaciones Tecnológicas Emergentes:

Una de las principales áreas de reflexión es cómo las innovaciones tecnológicas emergentes podrían influir en el futuro del aprendizaje automático y el análisis predictivo en el blockchain. A medida que avanza la investigación en campos como la computación cuántica, la computación distribuida y la inteligencia artificial generalizada, es probable que veamos avances significativos en la capacidad de procesamiento y análisis de datos, lo que podría abrir nuevas oportunidades para aplicaciones más avanzadas de estas tecnologías en el blockchain.

Impacto Socioeconómico:

Otra consideración importante es el impacto socioeconómico del aprendizaje automático y el análisis predictivo en el blockchain. Si bien estas tecnologías tienen el potencial de mejorar la eficiencia y la transparencia en una variedad de sectores, también plantean desafíos en términos de empleo, privacidad y equidad. Es fundamental abordar estos desafíos de manera proactiva y colaborativa para garantizar que estas tecnologías se utilicen de manera ética y responsable en beneficio de todos.

Desafíos Éticos y de Gobernanza:

Los desafíos éticos y de gobernanza asociados con el aprendizaje automático y el análisis predictivo en el blockchain seguirán siendo una preocupación importante en el futuro. Es fundamental establecer estándares éticos y legales claros para el desarrollo y la implementación de estas tecnologías, así como garantizar la participación de las partes interesadas en el proceso de toma de decisiones. Además, es crucial garantizar la transparencia, la equidad y la responsabilidad en el uso de estas tecnologías para evitar el abuso y la explotación.

Oportunidades de Colaboración y Cooperación:

A pesar de los desafíos, también existen oportunidades significativas para la colaboración y la cooperación en el desarrollo y la implementación del aprendizaje automático y el análisis predictivo en el blockchain. Al trabajar juntos, los gobiernos, las empresas, las organizaciones sin fines de lucro y la sociedad civil pueden aprovechar al máximo el potencial de estas tecnologías para abordar algunos de los desafíos más urgentes de nuestra sociedad, como la salud, el medio ambiente y la justicia social.

6.8 Exploración Futura y Potenciales Innovaciones

Mientras miramos hacia el futuro del aprendizaje automático (AA) y el análisis predictivo en el blockchain, es esencial considerar las áreas de exploración futura y las posibles innovaciones que podrían surgir. En este capítulo, exploraremos algunas de estas áreas y cómo podrían transformar aún más el paisaje tecnológico y social.

Avances en Aprendizaje Profundo:

Una de las áreas más emocionantes para la exploración futura es el avance en técnicas de aprendizaje profundo. A medida que la investigación en este campo continúa, es probable que veamos avances significativos en la capacidad de los modelos de AA para comprender y procesar datos complejos de blockchain de manera más precisa y eficiente. Esto podría llevar a la creación de algoritmos más sofisticados capaces de abordar una variedad más amplia de problemas y aplicaciones en el blockchain.

Aplicaciones en la Internet de las Cosas (IoT):

Otra área de exploración prometedora es la aplicación del AA y el análisis predictivo en la Internet de las Cosas (IoT). A medida que más dispositivos se conectan a la red y generan datos en tiempo real, existe una oportunidad para utilizar técnicas de AA para analizar y extraer información valiosa de estos datos. Esto podría permitir la creación de sistemas más inteligentes y eficientes que puedan automatizar procesos, predecir fallos y optimizar el rendimiento de los dispositivos conectados.

Blockchain Cuántico:

El desarrollo de tecnologías cuánticas también podría abrir nuevas posibilidades en el campo del blockchain. Los ordenadores cuánticos tienen el potencial de realizar cálculos a una velocidad y escala mucho mayores que los ordenadores clásicos, lo que podría permitir el procesamiento de grandes volúmenes de datos de blockchain de manera más eficiente. Esto podría llevar a la creación de blockchain más rápidos, seguros y escalables que puedan soportar una mayor adopción y aplicaciones más avanzadas de AA y análisis predictivo.

Aplicaciones en la Medicina Personalizada:

La medicina personalizada es otra área que podría beneficiarse enormemente del uso del AA y el análisis predictivo en el blockchain. Al analizar grandes conjuntos de datos genómicos, clínicos y de estilo de vida, los algoritmos de AA podrían ayudar a identificar patrones y correlaciones que podrían utilizarse para predecir riesgos de enfermedades, personalizar tratamientos y mejorar los resultados de salud para los individuos.

Desafíos de Seguridad y Privacidad:

Sin embargo, con estas innovaciones también surgirán nuevos desafíos en términos de seguridad y privacidad. A medida que más datos sensibles se almacenan y procesan en el blockchain, será fundamental garantizar que se implementen medidas de seguridad robustas para proteger estos datos contra ataques cibernéticos y violaciones de la privacidad. Además, será necesario abordar las preocupaciones éticas y legales relacionadas con la recopilación, el uso y la propiedad de los datos de blockchain.

6.9 Consideraciones Finales y Llamado a la Acción

En este punto, hemos explorado en profundidad el impacto del aprendizaje automático y el análisis predictivo en el contexto del blockchain. Hemos examinado cómo estas tecnologías pueden mejorar la seguridad, la escalabilidad y la interoperabilidad del blockchain, así como su potencial para transformar una variedad de sectores, desde las finanzas hasta la atención médica y más allá. También hemos reflexionado sobre los desafíos éticos y de gobernanza asociados con su implementación y hemos explorado algunas áreas de exploración futura y posibles innovaciones.

Como concluimos esta exploración, es importante resaltar la importancia de la acción continua en este campo. A medida que el aprendizaje automático y el análisis predictivo continúan evolucionando y su integración con el blockchain avanza, es esencial que todos los actores involucrados, incluidos los desarrolladores, los investigadores, las empresas, los responsables políticos y la sociedad en su conjunto, trabajen juntos para garantizar que estas tecnologías se utilicen de manera ética, responsable y equitativa.

Para aquellos interesados en profundizar en este tema y contribuir al avance de estas tecnologías, aquí hay algunas acciones que pueden tomar:

1. Investigación Continua: Continuar investigando y explorando nuevas técnicas y aplicaciones de aprendizaje automático y análisis predictivo en el blockchain. Esto podría incluir el desarrollo de algoritmos más avanzados, la realización de estudios de caso en diferentes sectores y la exploración de nuevas áreas de aplicación.

2. Colaboración y Cooperación: Fomentar la colaboración y la cooperación entre diferentes partes interesadas, incluidos académicos, empresas, organizaciones sin fines de lucro y gobiernos. Trabajar juntos en proyectos de investigación y desarrollo, compartir conocimientos y recursos, y colaborar en la creación de estándares y mejores prácticas.

3. Educación y Concientización: Educar y concienciar a la sociedad sobre el potencial y los desafíos del aprendizaje automático y el análisis predictivo en el blockchain. Esto podría incluir la organización de seminarios, talleres y conferencias, la publicación de artículos y libros, y la participación en debates públicos.

4. Desarrollo de Políticas y Regulaciones: Contribuir al desarrollo de políticas y regulaciones que promuevan el uso ético y responsable de estas tecnologías. Participar en consultas públicas, abogar por la adopción de estándares éticos y legales claros, y trabajar con legisladores y reguladores para garantizar que se aborden los desafíos éticos y de gobernanza.

En conjunto, estas acciones pueden ayudar a promover el desarrollo y la implementación responsable del aprendizaje automático y el análisis predictivo en el blockchain, asegurando que estas tecnologías se utilicen para el beneficio de la sociedad en su conjunto. Con un enfoque colaborativo y orientado hacia el futuro, podemos aprovechar al máximo el potencial transformador de estas tecnologías y crear un mundo más seguro, eficiente y equitativo para todos.

Capítulo 7: IA y la mejora de la interoperabilidad en Blockchain

La interoperabilidad entre diferentes redes blockchain es un desafío crucial que enfrenta la industria en su conjunto. A medida que el ecosistema blockchain continúa creciendo y diversificándose, la capacidad de diferentes blockchains para comunicarse y colaborar se vuelve cada vez más importante. En este capítulo, exploraremos los desafíos de interoperabilidad que enfrentan las redes blockchain, cómo la inteligencia artificial (IA) puede ayudar a superar estos desafíos y algunos ejemplos de proyectos que están trabajando en soluciones de interoperabilidad utilizando IA.

7.1 Desafíos de interoperabilidad entre diferentes redes Blockchain

La interoperabilidad se refiere a la capacidad de diferentes sistemas o redes para trabajar juntos de manera efectiva. En el contexto del blockchain, la interoperabilidad es fundamental para permitir la transferencia de activos y datos entre diferentes blockchains de manera fluida y segura. Sin embargo, existen varios desafíos que dificultan la interoperabilidad entre diferentes redes blockchain:

1. Falta de Estándares: Actualmente, no existen estándares uniformes para la interoperabilidad entre blockchains. Cada blockchain puede tener su propia arquitectura, protocolos y reglas de consenso, lo que dificulta la comunicación y la transferencia de datos entre diferentes redes.

2. Diferencias en la Tecnología: Las diferencias en la tecnología subyacente de diferentes blockchains pueden dificultar la interoperabilidad. Por ejemplo, algunas blockchains pueden estar basadas en contratos inteligentes, mientras que otras pueden utilizar diferentes mecanismos de consenso.

3. Problemas de Escalabilidad: La escalabilidad es un desafío importante para la interoperabilidad, ya que las redes blockchain deben poder manejar un gran volumen de transacciones de manera eficiente para facilitar la transferencia de activos y datos entre diferentes blockchains.

4. Seguridad y Privacidad: Garantizar la seguridad y la privacidad de las transacciones entre diferentes blockchains es otro desafío importante. Las diferencias en los mecanismos de seguridad y privacidad de diferentes blockchains pueden dificultar la transferencia segura de activos y datos entre ellos.

7.2 Cómo la IA puede ayudar a superar estos desafíos

La inteligencia artificial puede desempeñar un papel crucial en la mejora de la interoperabilidad entre diferentes redes blockchain. Algunas formas en que la IA puede ayudar a superar estos desafíos incluyen:

1. Estándares de Interoperabilidad: La IA puede ayudar en el desarrollo de estándares de interoperabilidad entre diferentes blockchains. Mediante el análisis de datos y el aprendizaje automático, la IA puede identificar patrones comunes y desarrollar estándares que faciliten la comunicación entre diferentes redes blockchain.

2. Optimización de Protocolos: La IA puede ayudar en la optimización de los protocolos de interoperabilidad entre diferentes blockchains. Al analizar datos de transacciones y rendimiento de la red, la IA puede identificar cuellos de botella y proponer soluciones para mejorar la eficiencia y la escalabilidad de los protocolos de interoperabilidad.

3. Detección de Vulnerabilidades: La IA puede ayudar en la detección de vulnerabilidades de seguridad y privacidad en los protocolos de interoperabilidad entre diferentes blockchains. Al analizar datos de transacciones y comportamientos de red, la IA puede identificar posibles puntos débiles y proponer medidas para fortalecer la seguridad y la privacidad de las transacciones entre diferentes blockchains.

4. Automatización de Procesos: La IA puede ayudar en la automatización de procesos relacionados con la interoperabilidad entre diferentes blockchains. Al utilizar algoritmos de aprendizaje automático, la IA puede automatizar tareas como la verificación de transacciones y la resolución de conflictos, lo que puede facilitar la transferencia de activos y datos entre diferentes redes blockchain.

7.3 Ejemplos de proyectos que están trabajando en soluciones de interoperabilidad utilizando IA

Varios proyectos están trabajando en soluciones de interoperabilidad utilizando IA para abordar los desafíos mencionados anteriormente. Algunos ejemplos destacados incluyen:

1. Polkadot: Polkadot es un protocolo de interoperabilidad que utiliza tecnologías avanzadas, incluida la inteligencia artificial, para permitir la transferencia de activos y datos entre diferentes blockchains. Polkadot utiliza un algoritmo de consenso basado en inteligencia artificial llamado GRANDPA (GHOST-based Recursive Ancestor Deriving Prefix Agreement), que permite una alta escalabilidad y seguridad en la red.

2. Cosmos: Cosmos es otra plataforma de interoperabilidad que utiliza IA para mejorar la comunicación entre diferentes blockchains. Cosmos utiliza un algoritmo de aprendizaje automático llamado Tendermint, que permite una comunicación segura y eficiente entre diferentes blockchains al tiempo que mantiene la integridad de la red.

3. ICON: ICON es un proyecto que utiliza IA para mejorar la interoperabilidad entre diferentes blockchains a través de su protocolo de interoperabilidad llamado ICONLOOP. ICONLOOP utiliza algoritmos de aprendizaje automático para analizar datos de transacciones y comportamientos de red, lo que permite una transferencia segura y eficiente de activos y datos entre diferentes blockchains.

4. Wanchain: Wanchain es una plataforma de interoperabilidad que utiliza IA para mejorar la seguridad y la privacidad de las transacciones entre diferentes blockchains. Wanchain utiliza un algoritmo de aprendizaje automático llamado Secure Multi-Party Computation (SMPC), que permite a los usuarios realizar transacciones privadas y seguras entre diferentes blockchains sin comprometer la seguridad de sus activos.

7.4 Implementación Práctica de Soluciones de Interoperabilidad con IA

Además de los proyectos mencionados anteriormente, existen numerosas iniciativas y aplicaciones prácticas que están implementando soluciones de interoperabilidad entre blockchains con el apoyo de la inteligencia artificial. Estos proyectos abordan una variedad de casos de uso y desafíos específicos, y están contribuyendo significativamente al avance de la interoperabilidad en el ecosistema blockchain. A continuación, presentaremos algunos ejemplos destacados:

7.4.1 Interoperabilidad para Pagos Transfronterizos:

Una de las aplicaciones más comunes de la interoperabilidad blockchain con IA es en el campo de los pagos transfronterizos. Proyectos como Ripple están utilizando algoritmos de aprendizaje automático para optimizar las rutas de pago entre diferentes blockchains y reducir los costos y tiempos de liquidación asociados con las transferencias internacionales de fondos. Mediante el análisis de datos en tiempo real y la identificación de patrones de transacción, estas soluciones pueden ayudar a mejorar la eficiencia y la rapidez de los pagos transfronterizos, lo que beneficia tanto a usuarios individuales como a empresas y bancos.

7.4.2 Intercambio Descentralizado de Activos:

Otro caso de uso importante es el intercambio descentralizado de activos entre diferentes blockchains. Proyectos como AtomicDEX están utilizando algoritmos de IA para facilitar el intercambio de tokens y activos digitales entre diferentes blockchains de manera descentralizada y sin confianza. Mediante el uso de contratos inteligentes y algoritmos de aprendizaje automático, estos intercambios pueden garantizar la ejecución segura y eficiente de transacciones entre diferentes redes blockchain, lo que brinda a los usuarios un mayor acceso y liquidez a una variedad de activos digitales.

7.4.3 Gestión de Identidad Digital:

La gestión de identidad digital es otro campo en el que la interoperabilidad blockchain con IA está demostrando ser especialmente útil. Proyectos como uPort están utilizando algoritmos de aprendizaje automático para mejorar la verificación de identidad y la gestión de credenciales en múltiples blockchains. Al utilizar técnicas de reconocimiento facial y análisis de datos biométricos, estas soluciones pueden garantizar la autenticación segura y precisa de usuarios en diferentes aplicaciones y plataformas blockchain, lo que mejora la seguridad y la privacidad de la identidad digital.

7.4.4 Tokenización de Activos Tradicionales:

La tokenización de activos tradicionales es otro campo en el que la interoperabilidad blockchain con IA está teniendo un impacto significativo. Proyectos como Harbor están utilizando algoritmos de aprendizaje automático para tokenizar y gestionar una variedad de activos tradicionales, como bienes raíces y valores financieros, en diferentes blockchains. Al utilizar técnicas de análisis predictivo y modelado de datos, estas soluciones pueden ayudar a mejorar la eficiencia y la transparencia en la emisión y gestión de tokens de activos tradicionales, lo que facilita su negociación y transferencia en diferentes redes blockchain.

7.5 Consideraciones Éticas y Legales

A medida que avanzamos hacia una mayor interoperabilidad entre diferentes redes blockchain con el apoyo de la inteligencia artificial, es importante tener en cuenta las consideraciones éticas y legales asociadas con estas tecnologías. Si bien la interoperabilidad blockchain con IA ofrece numerosos beneficios, también plantea una serie de desafíos y preocupaciones que deben abordarse de manera adecuada para garantizar su uso ético y responsable. A continuación, exploraremos algunas de estas consideraciones:

7.5.1 Privacidad y Seguridad de los Datos:

Uno de los principales desafíos éticos y legales asociados con la interoperabilidad blockchain con IA es la privacidad y seguridad de los datos. Al transferir activos y datos entre diferentes blockchains, existe el riesgo de que la información sensible o confidencial pueda ser comprometida o expuesta. Es fundamental garantizar que se implementen medidas de seguridad robustas, como el cifrado de extremo a extremo y el control de acceso basado en roles, para proteger la privacidad y la seguridad de los datos en todo momento.

7.5.2 Transparencia y Responsabilidad:

Otro aspecto importante a tener en cuenta es la transparencia y la responsabilidad en el diseño y la implementación de soluciones de interoperabilidad blockchain con IA. Es fundamental que los desarrolladores y las organizaciones responsables sean transparentes sobre cómo se utilizan los datos y los algoritmos de IA en el proceso de interoperabilidad, y que se establezcan mecanismos de rendición de cuentas para garantizar que se cumplan los estándares éticos y legales.

7.5.3 Equidad y Accesibilidad:

También es importante considerar la equidad y la accesibilidad en el desarrollo de soluciones de interoperabilidad blockchain con IA. Es fundamental garantizar que estas tecnologías sean accesibles para todos y no excluyan a ciertos grupos o comunidades. Esto puede implicar la implementación de medidas para mitigar sesgos algorítmicos y garantizar que las soluciones de interoperabilidad sean inclusivas y equitativas para todos los usuarios.

7.5.4 Cumplimiento Normativo:
Por último, pero no menos importante, es crucial asegurarse de que las soluciones de interoperabilidad blockchain con IA cumplan con los requisitos normativos y legales aplicables en todas las jurisdicciones relevantes. Esto puede implicar la necesidad de cumplir con regulaciones específicas, como la ley de protección de datos y privacidad, así como también garantizar la conformidad con estándares éticos y de gobernanza establecidos por organizaciones relevantes.

Capítulo 8: Gobernanza y Ética en la Aplicación de la IA al Blockchain

La integración de la inteligencia artificial (IA) en el ecosistema blockchain plantea una serie de consideraciones éticas y desafíos de gobernanza que deben abordarse de manera adecuada. En este capítulo, exploraremos las implicaciones éticas de la aplicación de la IA al blockchain, los desafíos de gobernanza asociados y algunas propuestas para una implementación ética y responsable de la IA en este contexto.

8.1 Consideraciones Éticas en la Aplicación de la IA al Blockchain
La aplicación de la IA al blockchain plantea una serie de consideraciones éticas que deben ser cuidadosamente consideradas y abordadas. Algunas de estas consideraciones incluyen:

8.1.1 Privacidad y Confidencialidad:

La IA en el blockchain puede implicar el procesamiento de grandes cantidades de datos, algunos de los cuales pueden ser sensibles o confidenciales. Es fundamental garantizar la privacidad y la confidencialidad de estos datos y protegerlos de accesos no autorizados o mal uso.

8.1.2 Sesgo algorítmico:

Los algoritmos de IA pueden estar sujetos a sesgos inherentes, lo que puede resultar en decisiones injustas o discriminatorias. Es importante identificar y mitigar estos sesgos para garantizar que las decisiones tomadas por los sistemas de IA en el blockchain sean justas e imparciales.

8.1.3 Transparencia y Explicabilidad:

La opacidad de los algoritmos de IA puede dificultar la comprensión de cómo se toman las decisiones y por qué. Es esencial garantizar la transparencia y la explicabilidad de los sistemas de IA en el blockchain para que los usuarios puedan entender y confiar en sus resultados.

8.1.4 Responsabilidad y Rendición de Cuentas:

Los sistemas de IA en el blockchain deben ser responsables de sus acciones y decisiones. Es importante establecer mecanismos de rendición de cuentas claros para garantizar que los sistemas de IA sean responsables ante los usuarios y las partes interesadas.

8.2 Desafíos de Gobernanza en la Integración de la IA en el Ecosistema Blockchain

La integración de la IA en el ecosistema blockchain también plantea una serie de desafíos de gobernanza que deben abordarse de manera efectiva. Algunos de estos desafíos incluyen:

8.2.1 Fragmentación Regulatoria:

El blockchain y la IA son tecnologías emergentes que están sujetas a una amplia gama de regulaciones y marcos legales en todo el mundo. La fragmentación regulatoria puede dificultar la adopción y el desarrollo de soluciones de IA en el blockchain al crear barreras legales y administrativas.

8.2.2 Concentración de Poder:

La integración de la IA en el blockchain puede dar lugar a la concentración de poder en manos de unas pocas entidades o actores dominantes. Esto puede socavar los principios de descentralización y democracia que son fundamentales para el blockchain.

8.2.3 Falta de Estándares y Mejores Prácticas:

La falta de estándares y mejores prácticas en la integración de la IA en el blockchain puede dificultar la interoperabilidad y la colaboración entre diferentes sistemas y redes. Es importante establecer estándares y directrices claras para promover una integración efectiva y ética de la IA en el blockchain.

8.2.4 Responsabilidad Legal y Ética:

Determinar la responsabilidad legal y ética en casos de uso de IA en el blockchain puede ser un desafío complejo. Es importante establecer marcos legales y éticos claros que definan las responsabilidades y obligaciones de todas las partes involucradas en el desarrollo y la implementación de soluciones de IA en el blockchain.

8.3 Propuestas para una Implementación Ética y Responsable de la IA en el Blockchain

Para abordar estos desafíos y garantizar una implementación ética y responsable de la IA en el blockchain, se pueden considerar varias propuestas:

8.3.1 Desarrollo de Principios Éticos:

Las organizaciones y los desarrolladores deben establecer principios éticos claros que guíen el desarrollo y la implementación de soluciones de IA en el blockchain. Estos principios deben incluir la protección de la privacidad, la transparencia, la equidad y la responsabilidad.

8.3.2 Creación de Marcos Regulatorios:

Los reguladores y los responsables políticos deben trabajar en colaboración con la industria para desarrollar marcos regulatorios claros y coherentes que promuevan una integración ética y responsable de la IA en el blockchain. Estos marcos deben abordar cuestiones como la protección de datos, la transparencia y la responsabilidad.

8.3.3 Fomento de la Diversidad y la Inclusión:

Es importante fomentar la diversidad y la inclusión en el desarrollo de soluciones de IA en el blockchain para garantizar que se tengan en cuenta una variedad de perspectivas y experiencias. Esto puede ayudar a mitigar sesgos algorítmicos y garantizar que las soluciones de IA sean justas y equitativas para todos.

8.3.4 Educación y Concientización:

La educación y la concientización sobre las implicaciones éticas y legales de la IA en el blockchain son fundamentales para promover una implementación ética y responsable de estas tecnologías. Se deben desarrollar programas de educación y concientización dirigidos a desarrolladores, usuarios y responsables políticos para aumentar la comprensión y la apreciación de estos temas.

8.3.5 Colaboración y Cooperación Internacional:

La colaboración y la cooperación internacional son fundamentales para abordar los desafíos de gobernanza y ética asociados con la integración de la IA en el blockchain. Dado que el blockchain y la IA son tecnologías globales que trascienden las fronteras nacionales, es importante que los reguladores, las organizaciones y las partes interesadas trabajen juntos en un enfoque coordinado para desarrollar estándares y directrices comunes.

8.3.6 Auditorías y Evaluaciones Independientes:

Para garantizar el cumplimiento de los principios éticos y los estándares regulatorios, es importante llevar a cabo auditorías y evaluaciones independientes de las soluciones de IA en el blockchain. Estas auditorías pueden ayudar a identificar posibles problemas éticos o legales y proporcionar recomendaciones para abordarlos de manera efectiva.

8.3.7 Protección de los Derechos Humanos:

La protección de los derechos humanos debe ser una consideración central en el desarrollo y la implementación de soluciones de IA en el blockchain. Es fundamental garantizar que estas tecnologías no socaven los derechos fundamentales de las personas, como la privacidad, la libertad de expresión y la igualdad ante la ley.

8.3.8 Desarrollo de Capacidades y Recursos:

Es importante desarrollar capacidades y recursos en el campo de la ética y la gobernanza de la IA en el blockchain. Esto incluye la formación de profesionales en ética de la IA, la creación de instituciones especializadas en la supervisión y regulación de estas tecnologías, y la promoción de la investigación académica en este campo.

8.3.9 Promoción de la Responsabilidad Social Corporativa:

Las empresas que desarrollan y utilizan soluciones de IA en el blockchain deben asumir la responsabilidad de sus acciones y decisiones. Esto incluye la adopción de políticas de responsabilidad social corporativa que promuevan la transparencia, la equidad y el respeto por los derechos humanos en todas las actividades relacionadas con la IA y el blockchain.

8.3.10 Evaluación de Impacto Social y Ambiental:

Es fundamental realizar evaluaciones de impacto social y ambiental de las soluciones de IA en el blockchain para comprender y mitigar sus posibles consecuencias no deseadas. Esto puede incluir la evaluación de riesgos para la privacidad, la seguridad y el medio ambiente, así como el desarrollo de estrategias para minimizar cualquier impacto negativo.

Capítulo 9: Desafíos y Futuro de la IA en el Blockchain

La combinación de la inteligencia artificial (IA) y el blockchain promete transformar numerosas industrias y sectores en todo el mundo. Sin embargo, este matrimonio tecnológico también enfrenta una serie de desafíos que deben superarse para alcanzar su máximo potencial. En este capítulo, exploraremos los obstáculos actuales en la adopción masiva de la IA en el blockchain, ofreceremos predicciones sobre su futuro y discutiremos las posibles innovaciones y avances tecnológicos que podrían surgir de esta sinergia.

9.1 Obstáculos Actuales en la Adopción Masiva de la IA en el Blockchain

A pesar del gran potencial de la IA en el blockchain, existen varios obstáculos que dificultan su adopción masiva. Algunos de los desafíos más significativos incluyen:

9.1.1 Escalabilidad y Rendimiento:

Uno de los principales desafíos en la adopción de la IA en el blockchain es la escalabilidad y el rendimiento. A medida que aumenta el volumen de datos y transacciones en la red, se requiere una mayor capacidad de procesamiento para ejecutar algoritmos de IA de manera eficiente. Los blockchains actuales pueden enfrentar limitaciones en términos de velocidad y capacidad de procesamiento, lo que puede obstaculizar la implementación de soluciones de IA a gran escala.

9.1.2 Privacidad y Seguridad:

La privacidad y la seguridad de los datos son preocupaciones fundamentales en la adopción de la IA en el blockchain. Dado que los datos almacenados en el blockchain son inmutables y transparentes, existe el riesgo de que la información sensible pueda ser comprometida o expuesta. Además, la ejecución de algoritmos de IA en datos sensibles puede plantear preocupaciones éticas y legales sobre la privacidad y la protección de datos.

9.1.3 Interoperabilidad:

La interoperabilidad entre diferentes blockchains es otro desafío importante en la adopción de la IA en este espacio. Dado que existen múltiples blockchains con protocolos y estructuras de datos diferentes, integrar soluciones de IA en estas redes puede ser complicado y costoso. Se necesitan estándares y protocolos comunes para facilitar la interoperabilidad y la colaboración entre diferentes blockchains.

9.1.4 Falta de Talento Especializado:

La falta de talento especializado en IA y blockchain es otro obstáculo significativo en la adopción masiva de estas tecnologías. La implementación de soluciones de IA en el blockchain requiere conocimientos y habilidades especializadas en áreas como ciencia de datos, aprendizaje automático y criptografía, que pueden ser difíciles de encontrar y costosas de adquirir.

9.1.5 Barreras Regulatorias y Legales:

Las barreras regulatorias y legales pueden dificultar la adopción de la IA en el blockchain. Dado que estas tecnologías son relativamente nuevas y están en constante evolución, los marcos regulatorios y legales pueden no estar bien establecidos o adaptados para abordar los desafíos específicos asociados con la integración de la IA en el blockchain. Esto puede generar incertidumbre y riesgos legales para las organizaciones que buscan implementar soluciones de IA en este espacio.

9.2 Predicciones sobre el Futuro de la IA en el Mundo del Blockchain

A pesar de los desafíos actuales, el futuro de la IA en el mundo del blockchain es prometedor. Se espera que estas tecnologías continúen evolucionando y convergiendo para impulsar la innovación en una amplia gama de aplicaciones y sectores. Algunas predicciones sobre el futuro de la IA en el blockchain incluyen:

9.2.1 Mayor Adopción en Industrias Clave:

Se espera que la IA y el blockchain sean ampliamente adoptados en industrias clave como la atención médica, las finanzas, la cadena de suministro y la energía. Estas tecnologías pueden ayudar a mejorar la eficiencia, la transparencia y la seguridad en estos sectores, lo que resultará en beneficios significativos para las empresas y los consumidores.

9.2.2 Crecimiento del Mercado de Servicios de IA en el Blockchain:

Se espera que el mercado de servicios de IA en el blockchain experimente un crecimiento significativo en los próximos años. A medida que más empresas buscan implementar soluciones de IA en sus operaciones, la demanda de servicios de consultoría, desarrollo de software y análisis de datos relacionados con el blockchain aumentará considerablemente.

9.2.3 Mayor Integración con Tecnologías Emergentes:

La IA en el blockchain se integrará cada vez más con otras tecnologías emergentes como el Internet de las cosas (IoT), la realidad aumentada (AR) y la computación en la nube. Esta convergencia tecnológica dará lugar a soluciones innovadoras y disruptivas que transformarán la forma en que interactuamos con el mundo digital.

9.2.4 Avances en la Interoperabilidad y la Escalabilidad:

Se espera que se realicen avances significativos en la interoperabilidad y la escalabilidad de los blockchains, lo que permitirá una integración más fluida de soluciones de IA en múltiples redes. Esto facilitará la colaboración y el intercambio de datos entre diferentes blockchains, impulsando así la adopción masiva de la IA en este espacio.

9.2.5 Surgimiento de Nuevos Modelos de Negocio y Ecosistemas:

La combinación de la IA y el blockchain dará lugar a la creación de nuevos modelos de negocio y ecosistemas digitales. Estos modelos se basarán en la transparencia, la confianza y la automatización inteligente, lo que permitirá la creación de valor de formas completamente nuevas y disruptivas.

9.3 Posibles Innovaciones y Avances Tecnológicos

La combinación de la IA y el blockchain tiene el potencial de generar una serie de innovaciones y avances tecnológicos en diversas áreas. Algunas de estas innovaciones incluyen:

9.3.1 Mejora de la Eficiencia en la Cadena de Suministro:
La IA en el blockchain puede ayudar a mejorar la eficiencia en la cadena de suministro al optimizar la logística, predecir la demanda y detectar fraudes y falsificaciones en tiempo real.

9.3.2 Avances en la Medicina Personalizada:

La IA en el blockchain puede revolucionar la medicina personalizada al permitir el análisis y el intercambio seguro de datos médicos entre pacientes, médicos y proveedores de atención médica. Esto podría conducir a diagnósticos más precisos, tratamientos personalizados y una mejor gestión de la salud.

9.3.3 Automatización de Procesos Financieros:

La combinación de la IA y el blockchain puede automatizar y optimizar una amplia gama de procesos financieros, incluida la gestión de riesgos, el cumplimiento normativo y la detección de fraudes en tiempo real. Esto podría mejorar la eficiencia y la transparencia en los mercados financieros.

9.3.4 Desarrollo de Sistemas de Identidad Digital:

La IA en el blockchain puede facilitar el desarrollo de sistemas de identidad digital seguros y descentralizados. Esto permitiría a las personas controlar y compartir su información de identidad de manera segura, sin depender de intermediarios centralizados.

9.3.5 Avances en la Investigación Científica:

La IA en el blockchain puede acelerar la investigación científica al facilitar el intercambio y la colaboración de datos entre investigadores de todo el mundo. Esto podría conducir a descubrimientos científicos más rápidos y a la resolución de problemas complejos en áreas como la medicina, la biotecnología y la climatología.

9.3.6 Mejora de la Transparencia en el Gobierno:

La IA en el blockchain puede mejorar la transparencia y la rendición de cuentas en el gobierno al permitir la verificación y el seguimiento de las transacciones y decisiones gubernamentales en tiempo real. Esto podría aumentar la confianza de los ciudadanos en sus instituciones y mejorar la gobernanza en general.

9.3.7 Revolución en el Entretenimiento y los Medios de Comunicación:

La combinación de la IA y el blockchain podría revolucionar el entretenimiento y los medios de comunicación al permitir la creación y distribución descentralizada de contenido digital. Esto podría cambiar la forma en que consumimos medios, eliminando la necesidad de intermediarios y dando a los creadores más control sobre su trabajo.

9.3.8 Transformación de la Educación y el Aprendizaje:

La IA en el blockchain podría transformar la educación y el aprendizaje al facilitar el acceso a contenido educativo de alta calidad y personalizado. Esto podría mejorar la accesibilidad y la equidad en la educación, permitiendo que las personas aprendan a su propio ritmo y según sus propias necesidades.

9.3.9 Impulso a la Economía Digital:

La combinación de la IA y el blockchain podría impulsar la economía digital al facilitar la creación y el intercambio de activos digitales. Esto podría abrir nuevas oportunidades de negocio y crear nuevas formas de valor, como los NFT (tokens no fungibles) y los mercados descentralizados.

9.3.10 Avances en la Seguridad Cibernética:

La IA en el blockchain podría mejorar la seguridad cibernética al detectar y prevenir ataques informáticos de manera más rápida y eficiente. Esto podría ayudar a proteger los activos digitales y la privacidad de los usuarios en un mundo cada vez más interconectado.

En resumen, la combinación de la IA y el blockchain tiene el potencial de transformar numerosas industrias y sectores, generando innovaciones y avances tecnológicos significativos. Si bien aún enfrenta desafíos en términos de adopción y escalabilidad, se espera que estas tecnologías continúen evolucionando y convergiendo para impulsar la próxima ola de innovación digital.

10. Conclusiones

El viaje a través de la intersección entre la inteligencia artificial (IA) y el blockchain ha sido fascinante y revelador. En este capítulo final, recapitularemos los puntos clave discutidos en este libro, reflexionaremos sobre el potencial impacto de la IA en el blockchain y extendemos una invitación a la acción para aquellos interesados en explorar más sobre este emocionante tema.

10.1 Recapitulación de los Puntos Clave

Durante nuestro recorrido, exploramos una amplia gama de temas relacionados con la aplicación de la IA al blockchain. Algunos de los puntos clave discutidos incluyeron:

- Los fundamentos del blockchain, incluidos los conceptos básicos, la historia y la evolución de esta tecnología revolucionaria.

- Una comprensión profunda de la inteligencia artificial, su definición, historia y los diferentes tipos de IA que existen.

- La intersección entre la IA y el blockchain, incluidos los desafíos actuales en el mundo del blockchain y cómo la IA puede abordarlos.

- Las diversas aplicaciones de la IA en el blockchain, desde mejorar la seguridad y la privacidad hasta optimizar los contratos inteligentes y la escalabilidad.

- La aplicación de técnicas de aprendizaje automático y análisis predictivo en el contexto del blockchain, con ejemplos concretos de empresas que han implementado modelos predictivos.

- La importancia de la interoperabilidad en el blockchain y cómo la IA puede ayudar a superar los desafíos asociados.

- Las consideraciones éticas y de gobernanza en la aplicación de la IA al blockchain, así como propuestas para una implementación ética y responsable.

- Los obstáculos actuales en la adopción masiva de la IA en el blockchain, junto con predicciones sobre su futuro y posibles innovaciones y avances tecnológicos.

10.2 Reflexiones Finales sobre el Potencial Impacto de la IA en el Blockchain

La integración de la inteligencia artificial en el blockchain tiene el potencial de transformar radicalmente la forma en que interactuamos con el mundo digital. Desde mejorar la eficiencia y la transparencia en los negocios hasta revolucionar la atención médica y la educación, la combinación de estas tecnologías promete abrir nuevas fronteras de innovación y oportunidad.

Sin embargo, este potencial no viene sin sus desafíos. Es crucial abordar preocupaciones éticas y de gobernanza, como la privacidad de los datos, la equidad algorítmica y la transparencia, para garantizar que la adopción de la IA en el blockchain sea beneficiosa para todos los involucrados. Además, es importante abordar obstáculos técnicos, como la escalabilidad y la interoperabilidad, para permitir una adopción masiva y efectiva de estas tecnologías.

En última instancia, el potencial impacto de la IA en el blockchain dependerá de cómo elijamos utilizar y regular estas tecnologías. Si actuamos de manera ética y responsable, podemos aprovechar al máximo su capacidad transformadora y crear un futuro más inclusivo, equitativo y próspero para todos.

10.3 Invitación a la Acción

Para aquellos interesados en explorar más sobre este tema apasionante, hay una serie de acciones que pueden tomar:

- Continuar aprendiendo: La IA y el blockchain son campos en constante evolución, por lo que es importante mantenerse al día con las últimas tendencias y desarrollos.

- Participar en la comunidad: Únase a grupos de discusión, foros en línea y eventos relacionados con la IA y el blockchain para conectarse con otros profesionales y entusiastas en el campo.

- Experimentar con proyectos prácticos: Explore oportunidades para trabajar en proyectos prácticos relacionados con la IA y el blockchain para ganar experiencia y habilidades prácticas.

- Contribuir a la investigación: Si tiene experiencia en investigación, considere contribuir con investigaciones y publicaciones académicas sobre temas relacionados con la IA y el blockchain para avanzar en el campo.

En resumen, el futuro de la IA en el blockchain es emocionante y lleno de posibilidades. Con un enfoque ético y colaborativo, podemos aprovechar al máximo el potencial transformador de estas tecnologías y crear un mundo mejor para las generaciones futuras. ¡El viaje apenas está comenzando, y esperamos que se una a nosotros en esta emocionante aventura hacia el futuro digital!

Epílogo: Reflexiones sobre el Futuro de la IA y el Blockchain

En este epílogo, nos detendremos un momento para reflexionar sobre el viaje que hemos emprendido a través de la intersección entre la inteligencia artificial (IA) y el blockchain. Desde el inicio del libro, hemos explorado las profundidades de estas tecnologías y hemos vislumbrado un futuro lleno de posibilidades y desafíos. En este último capítulo, compartiremos algunas reflexiones finales sobre el futuro de la IA y el blockchain y cómo estas tecnologías pueden moldear nuestro mundo en los próximos años.

Un Mundo de Oportunidades y Desafíos

El futuro de la IA y el blockchain es, sin duda, emocionante. Estas tecnologías tienen el potencial de transformar radicalmente numerosas industrias y sectores, desde la atención médica y las finanzas hasta la cadena de suministro y la educación. Con la capacidad de automatizar procesos, mejorar la eficiencia y promover la transparencia, la IA y el blockchain pueden abrir nuevas fronteras de innovación y progreso.

Sin embargo, junto con estas oportunidades también vienen desafíos significativos. La adopción masiva de la IA y el blockchain requiere abordar preocupaciones éticas, como la privacidad de los datos y la equidad algorítmica, así como desafíos técnicos, como la escalabilidad y la interoperabilidad. Además, es importante garantizar que estas tecnologías se utilicen de manera responsable y que se promueva una gobernanza adecuada para evitar consecuencias no deseadas.

Colaboración y Cooperación

Para aprovechar al máximo el potencial de la IA y el blockchain, es fundamental fomentar la colaboración y la cooperación entre diversas partes interesadas. Los gobiernos, las empresas, la sociedad civil y la academia deben trabajar juntos para desarrollar marcos regulatorios adecuados, establecer estándares comunes y promover la investigación y el desarrollo en estos campos.

Además, es importante promover una cultura de ética y responsabilidad en el desarrollo y la implementación de la IA y el blockchain. Esto requiere una mayor conciencia sobre las implicaciones éticas de estas tecnologías, así como un compromiso con la transparencia y la rendición de cuentas en su uso.

Un Futuro de Posibilidades Infinitas

A medida que nos adentramos en un futuro cada vez más digital, el papel de la IA y el blockchain solo se volverá más importante. Estas tecnologías no solo transformarán la forma en que hacemos negocios y nos relacionamos entre nosotros, sino que también influirán en la forma en que comprendemos y abordamos los desafíos globales, desde el cambio climático hasta la salud pública.

En última instancia, el futuro de la IA y el blockchain está en nuestras manos. Con una visión clara, una acción decisiva y un compromiso con los valores fundamentales como la ética y la equidad, podemos aprovechar al máximo el potencial de estas tecnologías y crear un mundo más inclusivo, sostenible y próspero para todos.

Un Llamado a la Acción

Como individuos y como sociedad, tenemos la responsabilidad de dar forma al futuro de la IA y el blockchain. Ya sea a través de la participación en la investigación y el desarrollo de estas tecnologías, la promoción de políticas y regulaciones adecuadas, o simplemente educándonos y concientizando sobre sus implicaciones, todos podemos contribuir a hacer de este futuro una realidad.

Así que aquí les dejo este llamado a la acción. Abrace el cambio, explore nuevas posibilidades y únase a nosotros en este emocionante viaje hacia el futuro de la IA y el blockchain. Juntos, podemos hacer del mundo un lugar mejor para las generaciones venideras. ¡El futuro está en nuestras manos!

Agradecimientos:

Quiero expresar mi más sincero agradecimiento al desarrollo de la tecnología y, en particular, a la evolución de la inteligencia artificial (IA). Esta obra no habría sido posible sin los avances continuos en el campo de la IA, que han permitido que la humanidad explore nuevos horizontes y alcance logros que alguna vez parecieron imposibles.

El trabajo incansable de los investigadores, científicos y desarrolladores en el campo de la IA ha sentado las bases para un futuro emocionante y lleno de posibilidades. Sus contribuciones han impulsado el progreso y la innovación en una amplia gama de aplicaciones, desde la medicina y la educación hasta la industria y el entretenimiento.

Además, quiero agradecer a los pioneros de la IA, cuya visión y determinación han allanado el camino para el desarrollo de esta tecnología revolucionaria. Su dedicación y pasión por explorar los límites de la inteligencia artificial han inspirado a generaciones futuras a seguir adelante en la búsqueda del conocimiento y la innovación.

También quiero extender mi más profundo agradecimiento a mi familia, sin la cual no habría llegado tan lejos en mi vida y carrera profesional. En especial, quiero agradecer a mis padres por su amor, apoyo y sacrificios incondicionales a lo largo de los años. Su guía y aliento han sido una fuente constante de inspiración y motivación para mí.

Por último, pero no menos importante, quiero expresar mi gratitud a la IA misma, por su capacidad para ampliar nuestra comprensión del mundo que nos rodea y por su potencial para mejorar nuestras vidas de formas inimaginables. Que siga siendo una fuente de inspiración y descubrimiento para las generaciones venideras.

¡Gracias al desarrollo de la tecnología y a la inteligencia artificial por hacer posible este viaje de exploración y descubrimiento!

Al acceder y utilizar este libro, los lectores aceptan y comprenden los términos y condiciones de este descargo de responsabilidad. Si no está de acuerdo con estos términos, le recomendamos que no utilice ni acceda al contenido de este libro.